Feder Johann Michael

Magazin zur Beförderung des Schulwesens im katholischen Deutschlande

Feder Johann Michael

Magazin zur Beförderung des Schulwesens im katholischen Deutschlande

ISBN/EAN: 9783744702645

Hergestellt in Europa, USA, Kanada, Australien, Japan

Cover: Foto ©ninafisch / pixelio.de

Weitere Bücher finden Sie auf **www.hansebooks.com**

Magazin

zur
Beförderung des

Schulwesens

im
katholischen Teutschlande.

Herausgegeben
von

Michael Feder,

Doctor und Professor der Theologie an der Universität
zu Wirzburg.

I. Bandes erstes Heft.

Wirzburg
im Verlage der Riennerischen Buchhandlung. 1791.

Vorbericht.

Gegenwärtiges Magazin ist der in die hiesigen gelehrten Anzeigen und in andere gelehrte und politische Zeitungen eingerückten Ankündigung zu Folge 1) den Vorstehern des Schulwesens 2) den wirklichen Schullehrern 3) den lesenden Aeltern gewidmet. Die Absicht des Herausgebers geht dahin, besagten Personen ihr Amt zu erleichtern, und interessante, die Erziehung, und die **Belehrung** der Jugend, vorzüglich der Landjugend betreffende Wahrheiten und Schriften zu verbreiten. Auch ohne seine Erinnerung sieht man, daß ungemein viele Gegenstände für dasselbe geeigenschaftet seyen, und daß es an Materialien nicht so leicht fehlen werde. Männern von Einsichten und Erfahrung, die mit dem Herausgeber zur Beförderung seiner Absicht den Schatz ihrer Einsichten, und Erfahrungen theilen, und sogar zum Drucken fertige Aufsätze liefern werden, wird er vorzüglichen Dank wissen. Kaum hat man nöthig anzumerken,

A   daß

daß Aufsätze, die zunächst für den lesenden Bürger bestimmt sind, in einer streng populären Sprache abgefaßt seyn müssen. Uebrigens bleibt es bey dem in der Ankündigung festgesetzten Plane, nur daß man es für räthsamer hielt, statt der versprochenen Anzeigen von Sammlungen von Liedern, in jedes Heft einige entweder ganz neue oder in gedruckten Sammlungen stehende, entweder zum gesellschaftlichen Vergnügen oder zur öffentlichen Gottesverehrung in der Kirche brauchbare Lieder nebst ihren Melodien einzurücken. Die Versendung der Exemplare besorgt ganz allein die verlegende Buchhandlung. Alle Vierteljahre erscheinet ein Heft von der Bogenzahl und Form, wie das gegenwärtige, dessen Preis ist 18 Kreuz. rhein. Vier Hefte machen einen Band aus. Die Liste der Subscribenten wird fortgesetzet.

Wirzburg den 1ten Maymonats 1791.

Ueber

Ueber den Werth eines guten Schul-
lehrers.

Kommt, meine lieben Landesleute, versammelt
euch um mich her, und laßt euch den Werth
eines Mannes erklären, den Viele unter euch schätzen,
aber bey weitem noch nicht so schätzen, wie sie ihn
schätzen sollten. Es ist euer Schullehrer *Prudentius
Liebreich.* Ihr kennet ihn zu gut, als daß ich nöthig hätte, ihn von allen Seiten zu schildern. Ihr
wisset, wie sehr er sich seit den zehn Jahren, in welchen er als Schullehrer bey euch angestellt ist, bestre-
bet hat, des Pfarrers, des Beamten und eurer ganzen Gemeinde Beyfall zu verdienen. Den Grundsätzen, die er als Zögling des Hochfürstlichen Schul-
Lehrer - Seminariums eingenommen hatte, getreu,
setzte er sich über alle die Widersprüche, die er in den
ersten Jahren seines Lehramtes von so manchem unter euch hören mußte, großmüthig hinweg, und lehrte, was und wie er lehren sollte. Eure Kinder

A 2   erkann-

erkannten bald an ihm den Mann, dem es nur da=
rum zu thun wäre, weise, gute und glückliche Kinder
aus ihnen zu machen: sie sahen, wie sehr er sich über
ihre Fortschritte freute, über ihr Zurückbleiben be=
trübte; wie gerne er die Folgsamen lobte, und wie
hart es ihm fiel, die Ungehorsamen zu strafen: sie
gewannen ihn lieb, giengen mit Freude in die Schu=
le, und liefen auf den Schullehrer nicht anderst, als
wie auf ihren beßten Freund zu. Dem Pfarrer be=
gegnete er überall mit Ehrfurcht; von ihm bath er
sich in den wichtigern Schulangelegenheiten Rath
aus, und ohne seinen Rath that er nichts. Sei.nen
öffentlichen Unterricht in der Religion nahm er ihm
vom Munde weg, und sagte denselben die Woche hin=
durch den Kleinen so lange vor, und erklärte so lange
daran, bis sie ihn gefaßet hatten. Auch dem Schuld=
heißen, dem Bürgermeister, und den übrigen Dorfs=
vorstehern erzeigte er bey allen Auftritten die schuldi=
ge Achtung. Mit jedem Nachbar lebte er im Frieden.
Seine Frau war, und ist noch sittsam, arbeitsam,
auferbäulich, ist Niemanden im Dorfe um ihres Un=
terhaltes willen lästig. Die Kinder, mit denen Gott
ihre Ehe gesegnet hat, sind artig und wohlgezogen,
und können andern Kindern als Muster vorgestellet
werden. Und diesen Mann schätzen, wie gesagt, Vie=
le von euch noch nicht so, wie er's verdient, sollen
ihn aber jetzt so schätzen lernen.

Dieser

Dieser Mann lehret erstens eure Kinder die
Kunst zu lesen. Diese Kunst war in dem zehnten,
eilften, und zwölften Jahrhunderte äusserst selten.
Die Geistlichen, die sie meistens besaßen, machten
sich durch dieselbe dem Staate nothwendig, und
schwungen sich zu den wichtigsten Aemtern empor.
Sie ist der Schlüssel zu allen Wissenschaften. Was
immer die Gelehrten über den Reichthum, die Schön-
heit, Mannichfaltigkeit, Ordnung und Gesetze der
Natur, über die Landwirthschaft, über die Beschaffen-
heit und Pflege des menschlichen Körpers, über die
Erziehung, über die Geschichte der Vorzeit und tausend andere Gegenstände zum Beßten ihrer Mitbrü-
der aufgezeichnet haben, ja selbst das, was Gott zum
Troste des menschlichen Geschlechtes von den Prophe-
ten und Evangelisten hat niederschreiben lassen, das
alles ist für den, der nicht lesen kann, ein unzugäng-
licher Schatz. Gebt einem solchen Menschen zu seiner Belehrung ein Geschichtbuch: er kann es so wenig brauchen, als ein Blinder. Viethet ihm zu seiner Unterhaltung in der Kirche ein Gebethbuch an:
er nimmt es nicht. Fragt ihn: was steht in dem heu-
tigen Wochenblatte? Er kann nicht antworten. Setzet ihm eine Frage, die aus dem Nachschlagen des
Kalenders muß gelöset werden: er ist stumm. Was
so viele tausend seiner Mitmenschen belehret, sie
weise, und klug macht, sie unterhält und vergnügt,
das ist für ihn nicht da. Er ist, so zu sagen, nur ein

A 3   hal-

halber Mensch; genießt auch das menschliche Leben
nur halber, und wird eben darum von allen, die ihn
kennen, bemitleidet. Nun diese ehedem so seltene,
diese so äusserst wichtige, diese das menschliche Leben
so unendlich versüßende Kunst lehret Liebreich eure
Kinder, und lehrt sie dieselbe auf eine so leichte Art.
Das Werk, das seine Vorfahren nach ihrer Weise
nur in ganzen Jahren zu Stande brachten, das
bringt er in wenigen Monaten zu Stande. Ohne
Drohungen, ohne Schläge bringt er's zu Stande.
Er lehrt sie die verschiedensten Druckschriften lesen;
er lehrt sie sogar die Kunst, die vielleicht — neh-
met mir's nicht übel — Wenige unter euch versteh-
en, die Kunst, sage ich, einer ganzen Gesellschaft
eine Schrift so vorzulesen, daß sie von derselben
kann gefasset werden.

Liebreichs Werth muß in euren Augen noch
größer werden, wenn ihr bedenket, daß er eure Kinder auch die Kunst zu schreiben lehret. Diese Kunst
war in den vorhin genannten Jahrhunderten noch
seltener. In denselben gab es Königliche und Fürst-
liche Personen, die nicht im Stande waren, auch
nur ihren Namen zu schreiben. In denselben hatten grobe Verbrecher, blos darum, weil sie fertige
Schreiber waren, Hoffnung, von denen um sie klir-
renden Ketten losgebunden, und in ihre vorige Freyheit versetzet zu werden. Wie übel mögen nicht die

Dama-

damaligen Zeitgenoſſen, vorzüglich die von eurem
Stande daran geweſen ſeyn! Da konnte kein Freund
einem abweſenden Freunde ſeine Geheimniſſe offen,
baren, und ihn um Rath fragen. Da konnte kein
Vater ſeiner Familie ſeine Erfahrungen, ſeine Ge=
ſchichte, ſeine letzte Willensmeynung ſchriftlich hinter,
laſſen. Ein von jedem Betrüger nachzuahmendes
Kreuz war das einzige Zeichen, daß ſie den in ihrem
Namen von Andern aufgeſetzten Erklärungen zum
Beweiſe der Echtheit beyſetzen konnten. Da konnte
kein im Auslande herumwandernder Sohn ſeiner Fa=
milie von ſeiner glücklichen oder unglücklichen Lage mit
eigener Hand Nachricht geben. Da hieng man ganz
von der Gefälligkeit und Redlichkeit der Schreiber
ab. Wie glücklich gegen jene Zeitgenoſſen ſind nicht
eure Kinder, die Liebreich auf eine nicht minder kur=
ze und leichte Weiſe die Kunſt, deutlich und ſogar
ſchön zu ſchreiben lehret! Werden ſie Männer, und
wollen ſie dann ein Tagebuch führen, wollen ſie wich=
tige Briefe ſchreiben, intereſſante Zeugniſſe ausſtel=
len, merkwürdige Nachrichten ihrer Familie aufbe=
wahren, ſo können ſie das, ohne zur Gefälligkeit,
Verſchwiegenheit, und Redlichkeit Andrer ihre Zu=
flucht zu nehmen, und ohne einen Kreuzer dafür aus,
zulegen. Indem eure Kinder ſelbſt ſchreiben können,
ſo können ſie auch die verſchiedenſten Gattungen von
Handſchriften leſen — eine Geſchiclichkeit, die ih,
nen ganz neue und eigene Vortheile im geſellſchaftli=

A 4   chen

chen Leben gewährt, wie ihr bey einem nur oberfläch-
lichen Nachdenken leicht einsehen werdet.

Liebreich giebt sich nicht allein alle Mühe, daß
eure Kinder lesen und schreiben können, sondern er
setzet auch den von dem Schöpfer ihnen mitgetheilten
Trieb zur Thätigkeit in Bewegung, und sorget dadurch, so viel in seinen Kräften steht, für ihre künftige Nahrung. Mit welchem Nachdrucke stellet er
ihnen nicht von Zeit zu Zeit die traurigen Folgen des
Müssigganges und die Schändlichkeit einer verschul-
deten Armuth vor! Mit welcher Sorgfalt hält er
nicht die ärmern Knaben des Dorfes zum Stricken,
und zu andern ihrem Stande, und ihrer Lage dien-
lichen Arbeiten an! Mit welchem Feuer spricht er
nicht von den Vortheilen einer guten Hauswirthschaft!
Mit welcher sichtbarer Freude führt er sie nicht alle in
den Schulgarten, um sie in der Kunst, die Bäume
zu pflanzen und zu pflegen, zu unterrichten! Habt
ihr nicht die wohlthätigen Folgen dieses Nachdruckes,
dieser Sorgfalt, dieses Feuers in eurer Haushal-
tung schon wahrgenommen? Und ist der Zeitpunkt
nicht nahe, in welchem ihr eine Menge der wohl-
schmeckendsten Baumfrüchte werdet abpflücken können, die ihr vor 3 Jahren kaum dem Namen nach
kanntet? Kennet ihr nicht mehrere Jungen, die
euch vorhin durch ihre Betteley beschwerlich fielen,
und nun ihr Brod, wo nicht ganz, doch zum Theile
ver-

verdienen? Mit welcher Emsigkeit und Liebe unterrichtet nicht sein Weib eure Töchter im Nähen, im Stricken, im Spinnen! Wahrlich, meine lieben Landesleute, wenn in Zukunft kein Fleck unangebauten Feldes auf eurer Markung wird anzutreffen seyn, wenn alle Felder auf die vortheilhaftesten Art werden benutzt seyn, wenn eure Gärten, wenn alle eure Straßen mit fruchtbaren Bäumen besetzt, wenn eure Keller mit Gemüße und Obst aller Art werden gefüllt seyn, wenn kein Müssiggänger mehr unter euch seyn wird, wenn das jetzt so nöthige Armen = Institut nicht mehr nöthig seyn wird, wenn der Wohlstand eures Dorfes allen Reisenden in die Augen fallen wird, dann werdet ihr sagen müssen: An dieser Glückseligkeit hat Schullehrer Liebreich keinen geringen Antheil.

Liebreich ist nicht allein Lehrer der Lese = und Schreibekunst, ist nicht allein Beförderer der Arbeitsamkeit, sondern er ist auch Lehrer der Religion und Beförderer guter Sitten. Was euer erster und vornehmster Religionslehrer, der Pfarrer, an Sonn = und Feyertagen in der Kirche thut, das thut er an jedem Tage in der Schule. Er lehrt eure Kinder einen unsichtbaren Vater kennen, der besser ist, als alle sichtbare Väter; einen Vater, der sie und alle Menschen mit unaussprechlicher Liebe umfasset. Er lehret sie, seinen Sohn Jesum Christum kennen; er lehret sie,

was

was sie als gehorsame Kinder in diesem und dem zu-
künftigen Leben zu hoffen haben; er lehret sie den
Werth der Tugend kennen; er zeiget ihnen, welchen
Strafen der Lasterhafte schon hier unterworfen wird,
und welche Seligkeiten der Tugendhafte schon hier
genießet; er zeiget ihnen die sichersten Mittel, zum
Besitze der Tugend zu gelangen. Er lies't, sinnet
nach, wendet alle Kunstgriffe an, benutzet fremde
und eigene Erfahrungen, um seinen Religionsunterricht ja recht gründlich, faßlich, anschaulich, und
eindringend zu machen. Dadurch werden eure Kinder gute, gefällige, arbeitsame, dankbare, gehorsame Kinder; Kinder, die ihren Aeltern unbeschreiblich große Freude machen. Aus ihnen werden Väter
und Mütter von noch bessern Kindern; aus ihnen
werden Bürger, auf die der Beamte, der Pfarrer,
das ganze Vaterland mit Rechte stolz seyn darf.

Und einen Mann, der alles das seinige beyträgt,
um aus euren Kindern solche Kinder zu erziehen,
den solltet ihr nicht schätzen! O daß ihr nie in den
Fall kommen möchtet — in dem so viele hundert Dör-
fer Teutschlands sind — keinen Liebreich zu haben!
O daß ihr nie erfahren möchtet, was religionslose
und ungerathene Kinder sind! O daß ihr nie den
Schmerz fühlen möchtet, der das Herz jener Aeltern
durchwühlt, die da sehen, sagen, und Tag und
Nacht es denken müssen: Wir haben einen verdor-
be=

benen Sohn; er wird die Schande seiner Anver-
wandten und die Plage seiner Mitmenschen werden. O daß ihr nie mit eigenen Augen das Elend
sehen möchtet, das Unwissenheit in Religionssachen
und Sittenlosigkeit über ganze Familien, über ein
ganzes Dorf, über ein ganzes Land verbreiten!

Noch habe ich nicht alle Verdienste aufgezählet,
die Litbreich um euch hat; und will sie auch nicht
alle aufzählen, um nicht den Schein zu haben, als
wollte ich die Sache übertreiben. Sind aber diese,
die ich bereits aufgezählt habe, wichtig, sind sie weit
wichtiger, als ihr bisher geglaubet habt, o so

Danket vor allem dem Fürsten, Der ihn euch
gegeben hat; Der jährlich eine Summe von einigen
Tausenden dazu verwendet, um allen Städten und
Dörfern seines Landes gebildete Lehrer geben zu können. Würdet ihr einen Schullehrer zu wählen haben,
so würdet ihr vielleicht den nächsten den besten nehmen
(wenigstens thaten das eure Vorfahren) und zufrieden seyn, wenn er lesen, schreiben und singen kann.
Nicht so macht es der Fürst. Er meint es mit euch
und euren Kindern besser. In allem, was zum
Schulwesen gehört, unterrichtete, auf das zweck-
mäßigst unterrichtete, und von Kennern geprüfte
Lehrer, die sind es, welchen Er eure Kinder anver-
traut.

Sind

Sind die Dienste, die euch Liebreich leistet, so wichtig, und so wohlthätig, so begegnet ihm ü er= all mit Achtung; so sprechet von ihm und seinem Amte nie anderst, als mit Achtung. Kein Amt in der Welt ist ehrwürdiger, als das Amt eines Vaters. Dieses Amt habt ihr alle, die ihr das Vergnügen und die Ehre habt, Väter genennet zu werden, mit Liebreich getheilet: ihm habt ihr den grössern und schwerern Theil, die Bildung eurer Kinder, übertra= gen. In seine Hände habt ihr das Beste, was ihr habt, übergeben. Einen Mann, den ihr eines sol= chen Vertrauens gewürdigt habt, könnet ihr, wenn ihr euch nicht selbst beschimpfen wollet, nicht in die Reihe derjenigen setzen, denen ihr vernunftlose Thie= re anvertrauet.

Ist Liebreich so verdient um euch, so gebt ihm die Naturalien, die ihr zu seinem Unter= halte geben müsset, gerne und gut. Ein Mann, der so lange gelernt hat, um lehren zu können, ein Mann, der eine so schwere Last, wie die Bildung eurer Kinder ist, euch abgenommen, und sie auf seine Schultern gelegt hat, ein Mann, der bereit ist, diese Last zu tragen, so lange er sie tragen kann, ein solcher Mann sag' ich, verdient es denn doch wohl, daß ihr ihm — um mich eines im Evangeli= um vorkommenden und hieher nicht übel passenden Ausdruckes zu bedienen — eine gerüttelte und

volle

volle Metze reichet. Ja, ich glaube nicht zu viel zu behaupten, wenn ich behaupte, er verdiene es, daß ihr euch sogar freygebig und großmüthig gegen ihn bezeuget, und ihm da eine Freude machet, wo er nicht daran denket.

Sind die Dienste, die euch Liebreich leistet, beschwerliche Dienste, und von der Art, daß sie große Anstrengung des Geistes fodern, so gönnet ihm seine Erbohlungsstunden, und beneidet ihn nicht, wenn er je zuweilen ruht, während ihr auf dem Felde arbeitet. Er arbeitet so fleißig als immer einer von euch; nur ist seine Arbeit von einer andern Art. Sie kann ihrer Natur nach nicht so lange fortgesetzet werden, als diejenige, die blos körperliche Kräfte fodert. Er muß ruhen, muß seine Nerven abspannen, muß sich aufheitern, damit er mit gestärktem Muthe, mit neuen Kräften, und mit desto glücklicherem Erfolge wieder an sein Amt gehen kann.

Ueberhaupt, meine lieben Landesleute, wünschte ich, daß ihr euch gegen Liebreich so betraget, daß er sein Amt mit Freude verrichtet. Nie müsse ihm nagender Gram aus den Augen sehen; nie müsse er mit Grunde klagen können, er werde von euch mißkannt; nie müsse er aus eurer Schuld in Versuchung gerathen, seine bisher so thätigen Hän-

Hände muthlos sinken zu lassen; nie müsse sein
Schicksa! dazu dienen können, bey fähigen Jünglin-
gen, die Lust haben in seine Bahne zu treten, diese
Lust zu ersticken. Vielmehr müsse jeder, der in euer Dorf kommt, und hört, und beobachtet, wie er
sich gegen euch, und ihr euch gegen ihn betraget,
sagen können: Der Schullehrer ist des Dorfes,
und das Dorf des Schullehrers würdig.

Pr. Feder.

Ueber die Entstehung, den Fortgang und den gegenwärtigen Bestand der Indu-strie = Schulen in dem Hochstifte Wirzburg.

Kaum hat irgend eine gute Anstalt so viel Theil-nahme, und Beyfall bey allen Classen des Volks ge-funden, als die Einführung der Industrie = Schulen. Zwar sträubt sich der Landmann gegen jede Neuerung, und glaubt es der Mühe nicht werth, die gute, oder schlimme Seite einer neuen Anstalt zu prüfen, weil er unter derselben ein neues Joch, was der Staat ihm aufbürden will, zu sehen wähnt, ein Joch, das jeder gerne von sich entfernet, ohne eben die Art desselben prüfen zu wollen. Allein, so wie der Nutz-en der Industrie = Schulen sogleich auf die äußerli-chen Sinne wirkte, und der Landmann das Kind, das sonst entweder in einer andauernden Trägheit, oder einem beständigen Muthwillen heranwuchs, nun zu Hause, auf der Straße, und dem Felde be-schäftiget sah, so gewannen die Industrie = Anstalten den Beyfall nicht sowohl, als sie denselben vielmehr erzwangen.

Man wird sich wundern, daß ich den wirklichen Bestand der Industrie = Schulen in dem Hochstifte

Wirz=

Wirzburg schon gleichsam voraussetze, da doch
erst neulich in dem Journale von und für Franken
*) der Nichtbestand derselben als ausgemacht ange-
nommen, und deßhalb die Frage aufgeworfen wurde,
welche Hindernisse dem Aufkommen der heilsamen
Industrie = Schulen entgegen stehen möchten? Allein, da ich Gelegenheit hatte, das Industrie=We-
sen in dem ganzen Lande zu überschauen, und mich
erbiethe, weiter unten die Beweise meiner Behaup=
tung zu liefern, so hoffe ich, das in = und ausländ-
dische Publicum werde mir mehr Vertrauen schenken,
als einem unberufenen und namenlosen Scribenten,
welcher vielleicht das Industrie=Wesen des Hoch=
stiftes Wirzburg nur von einem, oder dem andern
Orte kennt, und in einer Aufwallung übler Laune
dasselbe mit Unglimpfe zu beurtheilen für gut fand.

Ich faßte zwar schon lange den Entschluß, dem
Publicum von dem Erfolge der getroffenen Indu=
strie = Anstalten Rechenschaft zu geben. Allein die
Ausführung dieses Entschlußes sollte noch einige
Zeit verschoben werden, wo ich mit Grunde hoffen
konnte, dem Publicum so ausführliche Data vorle=
gen zu können, daß es im Stande gewesen wäre,
nicht nur allein über das Industrie=Wesen in dem
Hoch=

*) B. II. Heft II. N. V.

Hochstifte überhaupt, sondern auch in den einzelnen Aemtern, und Ortschaften zu urtheilen. Da aber der obgedachte Scribent in dem Journal von und für Franken schiefe, und irrige Ideen über den Fortgang des Industrie=Wesens zu verbreiten sucht, so eile ich, die Ehre meines Vaterlandes, und so vieler patriotisch = thätiger Männer zu retten, deren Bemühungen den 'besten Absichten unserer weisen, und großen Fürsten in Beförderung der Industrie-Anstalten vollkommen entsprochen haben. Ich werde demnach

I. Von der Entstehung der Industrie = Schulen in dem Hochstifte Wirzburg,

II. Von den Mitteln, dieselben auf dem Lande zu errichten;

III. Von dem gegenwärtigen Bestande, und

IV. Von dem jetzt schon sichtbaren Nutzen derselben in möglichster Kürze handeln.

I. Entstehung der Industrie = Schulen.

Lange schon waren in der Residenzstadt sowohl, als in manchen Ortschaften des platten Landes die sogenannten Mädchen=Schulen in eine solche Verfassung

B   ge-

gebracht, daß die Schülerinnen nicht nur allein den Litterar-Unterricht genoßen, sondern auch in allen ihrer Bestimmung angemessenen Handarbeiten den nöthigen Unterricht erhielten. Unter mehrern, einer besondern Erwähnung würd gen, will ich nur die mir besonders bekannt gewordenen Schulen zu Limbach, und Ebern anführen, um deren erste sich der jetzige Pfarrer zu Prölsdorf Herr Fritz, um die antere aber Herr Kaplan Kolb nun Pfarrer zu Dipach sehr verdient gemacht haben. a)

Diese in der Residenzstadt sowohl, als hie und da auf dem platten Lande schon bestehende Einrichtung erweckte bey Sr. Hochfürstlichen Gnaden den Wunsch, die Industrie-Schulen allgemein in dem Lande eingeführt zu sehen, und zugleich die Erwartung, daß, wenn zweckmäßige Vorkehrungen getroffen werden würden, diesem billigen, und schönen Wunsche ein eben so schöner Erfolg entsprechen werde.

Die-

---

a) So wurden in der einzigen Schule zu Ebern vom December 1787 bis den 17ten Merz 1788
  66 Paar größere Strümpfe
  26 — kleinere Strümpfe
  85 — große Staucher
  36 — kleine Handstaucher
  41 — Hand-Schuhe
  22 Haarbänder von den Schülerinnen neu verfertiget und
  102 Paar alte Strümpfe angestricket.

Dieſer lange ſchon gefaßte Gedanke gedieh end=
lich zu ſeiner Reife, nachdem Hr. Ferdinand Rin=
dermann, Ritter von Schulſtein, Probſt von Wiſche=
rad, nunmehr Biſchof zu Leutmeritz in einer
Druckſchrift die Entſtehungs = und Verbrei=
tungsart der Induſtrie = Anſtalten in den Volks=
Schulen des Königreichs Böhmen öffentlich bekannt
machte. b)

Dieſe Druckſchrift wurde der Fürſtlichen Schul=
Commiſſion dahier unter dem 14ten Februar 1789 mit
dem Bedeuten mitgetheilt, um vorzüglich die das
Induſtrie = Weſen betreffenden Stellen in genaue
Erwägung zu ziehen; und ſofort ihr Gutachten über
die Einführung der Induſtrie=Anſtalten in dem Hoch=
ſtifte zu erſtatten.

Es war von der guten Sache an und für ſich,
und von den aufgeklärten Geſinnungen der Fürſtlichen
Schul = Commiſſion zu erwarten, daß ſie ihrer
Seits die Ausführung der Landesherrlichen Abſich=
ten nach ihren Kräften unterſtützen würde. Der erſte
hiedurch veranlaßte Schritt war, das von ſämmtli=
chen Seelſorgern und Beamten auf dem Lande Be=
richt abgefodert wurde, wie auf dem Lande allenthal=
ben Induſtrie=Schulen angelegt werden könnten.

B 2   Allein,

---

b) Einladung zur 25ten öffentlichen Prüfung der Schü=
ler an der k. k. Normal = Schule in der königlichen
kleinern Reſidenz=Stadt Prag S. 28.

Allein, noch ehe die zu erstattenden Berichte einge-
kommen waren, fand man für nöthig, den Gesichts-
punct, woraus der richtige Gegenstand des Indu-
strie-Schulwesens betrachtet werden muß, bestimm-
ter, und näher anzuzeigen, um den Männern, welche für die Erziehung der Landjugend unmittelbar
zu sorgen haben, eine bestimmte und gleichförmige
Richtschnur an Handen zu geben, wornach sie sich
in Einführung der Industrie-Schulen sowohl, als
den dießfalls zu erstattenden Berichten zu bemessen
hätten. c) Hiemit ließ man zugleich, was Ritter
von Schulenstein von der Entstehungs-und Verbrei-
tungsart der Industrial-Classen in den Volks-
Schulen des Königreichs Böheim geschrieben hatte,
durch den öffentlichen Druck bekannt machen, und
foderte in Beziehung auf das, was in Böh. im geschehen war, sämmtliche Lands-und Orts-Vorstän-
de auf, in den ihnen übergebenen Aemtern, und
Ortschaften ähnliche Versuche zu wagen.

Diese Versuche wurden in den meisten Aemtern
des Hochstifts angestellt. Die Industrie-Anstalten
gewannen bald so großen Fortgang, daß die weibliche
Jugend fast alle Gattungeu Handarbeiten unter der
Aufsicht eigends bestellter Lehrerinnen zu treiben an-
fieng, das Stricken selbst unter der männlichen Jugend

c) Verordnung vom 26ten May 1789.

gend Mode ward, Gemüße und Baumgärten aus
ehemals öde g.legenen Feldern entstanden, oder die
Straßen mit allerhand Arten von Bäumen bepflanzt
wurden.. In manchen Orten schien man beynahe
das sonst fast allgemein eintreffende Gesetz, vermöge
dessen kein Werk in seinem Anfange schon vollkom=
men seyn kann, zu überschreiten. In anderen Orten
aber erlebten auch die Industrie = Anstalten das ge=
wöhnliche Schicksal aller neuen Anstalten. Man that
bald zu wenig, bald zu viel; Manches geschah oder
unterblieb aus Mißverständniß, aus Vorurtheil,
aus Mangel an zweckmäßiger Thätigkeit, oder aus
Unkunde. Es wurde demnach Bedürfniß durch eine
neue belehrende Verordnung, gewisse Mißverständ=
nisse zu berichtigen, gewisse Vorurtheile zu bestrei=
ten, die Thätigkeit mancher geistlicher und weltlicher
Vorsteher anzufachen, und manche erst gehörig auf=
zuklären. Dieß geschah wirklich, d) und sieh! Das
Industrie=Wesen machte sichtbare Fortschritte, so daß
man in dem Jahre 1791 behaupten kann, daß wirk=
liche Industrie = Schulen auf den platten Lande, und
in Städten bestehen. Der Umfang des Industrial=
Unterrichts aber verbreitet sich auf Nähen, Stricken,
Klüpfeln, Spinnen u. d. g., auf den Gartenbau,
und die Baumzucht, wie auch andre gewissen localen
Verhältnissen angemessene Anstalten.

B 3

Was

d) Verordnung vom 14ten Junius 1790.

Was II. die Mittel betrifft, wodurch man
die besagten Industrie-Schulen zu verbreiten suchte, so gehören hieher

1) Die obgedachten Verordnungen, wodurch
man hauptsächlich die geistlichen und weltlichen Vorsteher über die Anstalten, welche man getroffen, zu
seyn wünschte, aufzuklären suchte.

2) Stellte man, ohne eben große Kosten zu machen, Industrie-Lehrerinnen auf, deren Stelle bald
die Ehefrau eines Schullehrers übernahm, bald eine
andre geschickte, und wohlgeartete Person. Zum Unterrichte in der Baum- und Bienenzucht, wie auch
dem Gartenbaue verstand sich bald ein oder der andere Dorfsnachbar, bald der Schullehrer selbst; bald
wurden besondere Gärten auf und angenommen.

3) Sobald das Personale gehörig aufgestellt
war, suchte man das Interesse der Aeltern und das
Vergnügen der Jugend zu erwecken. Das Interesse
der Aeltern ward rege gemacht durch den Nutzen,
den sie bereits schon aus den Arbeiten ihrer kleinsten
Kinder hernehmen konnten, und durch die Benutzung
des Selbstgefühls derselben, welches ihnen in ihren
geschickten, und thätigen Kleinen nothwendig einen
hohen Grad von Vergnügen gewähren mußte. Das
Vergnügen der Kinder erwachte von sich selbst, durch
die

die Gesellschaft, in welcher gearbeitet wurde, durch
die Abwechslung des Litterar-und Industrie-Unter-
richts, durch das Bestreben einander vorzukommen,
und durch die Hoffnung einer geheimen oder öffentlichen Belohnung. Auf diese Art schafften die Aeltern
gerne Arbeits-Materialien an, und wer sie aus eig-
nen Kräften nicht anzuschaffen vermogte, erhielt dieselben von den nun überall bestehenden Armen-Cassen.
Ich übegehe hiebey

4) Alle jene kleine Kunstgriffe, welche zwar an
und für sich unbeträchtlich scheinen, jedoch in Beziehung auf das Ganze sehr beträchtliche Wirkungen her-
vorbringen, und vorzüglich den Goalsorgern, welche
den Menschen im Detail zu beobachten, und zu be-
handeln haben, bekannt sind, oder doch bekannt seyn
sollten. Diese Kunstgriffe zu erzählen würde einer
Seits zu weitläufig, andrer Seits aber nicht inte-
ressant seyn. Ich übergehe also dieselben dahier,
und überlasse die Anführung, und Beschreibung den
Männern, welche dereinst einzelne Industrie-Schulen dem Publicum in diesem Magazine schildern werden. Unbemerkt kann ich aber

5) Nicht lassen, daß Zwang in dem ganzen
Plan der Mittel keineswegs oder doch nur als äußer-
stes Mittel aufgenommen wurde. Man sah es zu
deutlich ein, daß die gewöhnliche Abneigung des Land-

man-

mannes vor jeder Neuerung mehr Nahrung erhalten
würde, wenn man sogleich mit Zwangsmitteln die
Abſichten des Landesherrn durchzuſetzen ſuchen wollte.
Es giebt freylich gewiſſe Gattungen von Reformati=
on, welche bey dem erſten Anblicke Zwang zu erfodern
ſcheinen, und wenn man ihn irgendwo wohlthätig
nennen kann, ſo könnte vielleicht derſelbe bey Ein=
führung der Induſtrie = Anſtalten wohlthätig genennt
werden. Allein die Erfahrung lehrte auch, daß
Zwang der guten Sache jederzeit mehr Schaden
als Nutzen gebracht habe. Man machte es daher
den Beamten zum beſonderen Geſetze, vorzüglich mit
Beyhilfe der Seelſorger vorerſt auf den Verſtand des
Landmannes zu wirken, d. h. demſelben begreiflich
zu machen, was man eigentlich für Zwecke und für
Abſichten bey Einführung der Induſtrie = Anſtalten
habe. Und, gleichwie man ſchon zum voraus wußte,
daß die wirzburgiſche Nation gutmüthig, eingenom=
men für ihren Landesherrn, und zum Guten lenkbar
ſey, wenn man nur nicht mit Zwange fürfahren,
ſondern ſie gehörig aufklären würde, ſo konnte man
ſich auch ohne Zwang einen guten Erfolg verſprechen.
- Dieſer gute Erfolg ward auch ohne Zwang durch die
Erfahrung bewährt. Wogegen aber in manchen Ort=
ſchaften, in welchen der Beamte von ſeiner Amtsſtu=
be aus die Induſtrie = Anſtalten einführen wollte, und
wohl gar die Einführung derſelben bey Strafe geboth,
der Seelſorger aber die Pfarrkinder weder belehrte,
noch

noch ſelbſt Hand an dem guten Werke legte, Wider-
ſeßlichkeit, und Unthätigkeit wahrgenommen wurde.

Nachdem ich nun die Entſtehungs = Geſchichte
der Induſtrie = Schulen in dem Hochſtifte Wirzburg,
und die Mittel zur Emporbringung derſelben im kurzen vorgelegt habe, ſo läßt ſich

III. Der wirkliche Beſtand der Induſtrie- Schulen

Deſto leichter beurtheilen. Wenn ich aber von
dem wirklichen Beſtande der Induſtrie = Schulen re-
de, ſo kann ich zwar nicht vorausſeßen, daß die
Induſtrie = Anſtalten in jedem Amte, und in jedem
Orte ſchon wirklich eingeführt ſeyen. Gleichwie aber
in den meiſten Aemtern ſchon durchgängig die
heilſamen Induſtrie = Anſtalten blühen, und in allen
Aemtern wenigſtens ein, und das andre Ort ſchon
wirkliche Induſtrie-Schulen hat, ſo wird es mir erlaubt
ſeyn, ohne Rückſicht auf einige Ausnahmen den Beſtand der Induſtrie = Schulen für das ganze Hoch-
ſtift annehmen zu dürfen.

Dieß vorausgeſeßt iſt der Beſtand der Induſtrie-
Schulen folgender.

1) Zum Induſtrie = Unterrichte ſind die gewöhnlichen Spieltäge, und in verſchiedenen Orten auch
eine,

eine, oder zwey Stunden vor, oder nach dem Litte=
rat=Unterrichte gewidmet.

2) Zur Besuchung dieser Unterrichts = Stunden
werden alle Kinder vom sechsten bis zum zwölften
Jahre angehalten.

3) Die weibliche Jugend erhält im Spinnen,
Stricken, Nähen, Klöppeln u. d. g. Unterricht.
Nach der Verordnung vom 14ten Junius 1790 sollten
derselben auch Kenntnisse von leichteren Garten=Ar=
beiten, und Pflanzungen beygebracht werden. Bis
hieher aber hat dieser Unterricht zwar einigen, doch
keinen so großen Fortgang gewonnen, als der Unter=
richt in den obgedachten Handarbeiten, theils weil es
bald an bequemen Plätzen fehlte, theils an Leuten,
welche diese Kenntnisse gehörig beyzubringen wußten.

4) Auch die männliche Jugend sollte haupt=
sächlich im Stricken Unterricht erhalten. Gleichwie
aber in der Verordnung vom 12ten Junius 1790 der
Grund dahien angegeben worden ist, damit sich auch
die männliche Jugend bey dem Viehhüten, und in
andern arbeitsfreyen Stunden noch einen Nebenver=
dienst zu verschaffen im Stande seyn möge, so wurde
zwar zur Regel angenommen, daß die männliche Ju=
gend, wie die weibliche im Stricken zu unterrichten
sey; jedoch glaubte man, die reicheren Knaben eben
nicht

nicht gerade mit Strenge hiezu anhalten zu müssen. Die Aeltmeren aber werden hiezu in vielen Aemtern wirklich angehalten, wo aber dieß bis hieher noch nicht in Ausübung gesetzt worden ist, sind hiezu bereits die nöthigen Weisungen an die Behörden abgegangen. Hauptsächlich aber besteht der Industrie-Unterricht der Knaben in Pflanzung verschiedener Bäume, wozu in den meisten Ortschaften, entweder ganz eigene Plätze von den Gemeinden bewilliget, oder die Strassen, und Wege hiezu benutzt worden sind,

5) Die Materialien, und Instrumente werden den Kindern von den Aeltern, und, wenn sie arm sind, von der Orts-Armen-Commission angeschafft. Im ersten Falle gehören die gefertigten Arbeiten den Arbeitern selbst, im zweyten aber läßt man den Kindern wenigstens den Gewinn, oder, wenn sie der gefertigten Arbeiten selbst bedürftig seyn sollten, auch die Arbeiten selbst,

Um nun den Fortgang der Landjugend in den angeführten Arbeits-Gattungen strenge beweisen zu können, würde erfoderlich seyn, die Anzahl der arbeitenden Schuljugend, und der gefertigten Arbeiten in jedem Amte kennen zu lernen. Da sich aber bey einer solchen Operation nicht gleich in den ersten Jahren eine durchgängige Gleichförmigkeit erwarten läßt, sofort von manchen Ortschaften theils keine

Arbeits-

Arbeits = Verzeichniſſe eingeſendet worden ſind, theils auch die Anzahl der Schuljugend ſelten angeführt worden iſt, ſo läßt ſich von dem wirklichen Beſtande der Induſtrie = Schulen aus den Arbeits = Verzeich= niſſen nur ein unvollkommenes Urtheil fällen. So viel aber wird ſich, wie mir dünkt, aus den nachfol= genden Daten ergeben, daß wirkliche Induſtrie= Schulen in dem Hochſtifte beſtehen.

Was vorerſt die Handarbeiten betrifft, ſo läßt ſich nach Maßgabe der eingekommenen Berichte in ei= nem allerdings noch mäßigen Durchſchnitte annehmen, daß in dem Fürſtlichen Hochſtifte Wirzburg von Kindern von ſechs bis zwölf Jahren 10000 Paar Strümpfe, ge= ſtrickt, und beynahe eben ſo viel angeſtrickt worden ſeyen. In der Stadt Kiſſingen, als einem Curorte, haben die Kinder ſogar acht Paar ſeidene Strümpfe verfer= tiget. Hiezu kommen noch auf das Wenigſte 1800 Paar Handſchuhe, worunter ſich auch ſeidene befin= den, 2000 Hember, 1000 Paar Handſtäucher. Das durch das Spinnen der Kinder gewonnene Tuch, worunter die Tochter des Schullehrers zu Bütthard allein 50 Ellen geſponnen hat, die vielen verfertig= ten Hauben, Mützen, Schürze, Taſchen, Strumpf= Bänder, Uhr = Bänder, Cordeln, und andere Arti= del der Local = Induſtrie machen gleichfalls keine un= beträchtliche Summe aus.

An=

Anbelangend die Anlegung der Jnduſtrie-Gärten, um die Kinder in beſſeren Grundſätzen des Feldbaues, in der Baumzucht, und dem Gemüße-Pflanzen zu unterrichten, ſo wird es kaum ein Amt in dem Hochſtifte geben, wo nicht wenigſtens in einem und dem anderen Orte wirkliche Jnduſtrie-Gärten angelegt wären. Jn Kitzingen iſt ſogar ein künſtlicher Garten angelegt, und der Aufſicht eines beſondern Gärtners übergeben. Vortrefflich ſind die Anlagen zu Stadt Volkach, Jphofen, Prölsdorf u. d. g. Jn andern Orten ſind wenigſtens die Plätze zu Jnduſtrie-Gärten ſchon bewilligt, oder doch, und faſt durchgehends die gemeinen Wege, und Straſſen mit Bäumen bepflanzt. So ſind z. B. in dem einzigen Amte Homburg am Mayn 2637 junge Bäume in einem einzigen Jahre geſetzt worden. Bey dieſer Lage der Sachen, dächte ich, könnte man ohne Unbilligkeit die Nicht-Exiſtenz der Jnduſtrie-Schulen als ausgemacht in dem Journale von, und für Franken nicht vorausſetzen. Dieſe Nicht-Exiſtenz der Jnduſtrie-Schulen kann zwar von einem oder dem andern Orte behauptet werden: allein der Schluß von einigen auf das Ganze iſt eben ſo irrig, als unbillig, zumahl da es in Orten, wo die Jnduſtrie-Schulen noch nicht empor kamen, jederzeit beſondere Local-Hinderniſſe giebt, die nicht in einem Jahre gehoben werden können. Hier ſetzt ſich der Ganerbinat, dort die Armuth der Gemeinheiten, anderſwo

ein

ein Vorurtheil, oder auch die Unthätigkeit der Ortsvorstände entgegen. In vielen Gegenden scheint es
fast nicht einmal nöthig, besondere Industrie-Schulen
anzulegen, in Gegenden nämlich, wo fast ein jedes
Haus eine besondre Industrie-Schule ist, wie z. B.
in dem Amte Hilters. Weil es indessen doch allerdings nützlich ist, die Industrie der Kinder unter der
öffentlichen Aufsicht zu leiten, theils damit kein In-
dividuum sich dem Müßiggange zu ergeben vermöge,
theils damit unvorsichtige Aeltern den Kindern nicht
mehr aufbürden, als ihre noch zarten Körper zu ertra-
gen im Stande sind, so hat man in Ortschaften,
wo die Industrie schon zur Genüge selbst unter der
Jugend im Flore ist, die Veranstaltung getroffen,
daß die geistlichen, und weltlichen Ortsvorstände
dießfalls genaue Aufsicht tragen, und die Verzeich-
nisse der gefertigten Arbeiten jährlich zur Fürstlichen
Schul-Commission einsenden. Wer übrigens diesem
getreuen aus den Acten gezogenen Berichte nicht glauben will, den muß ich zu einem selbsteigenen Augen-
scheine hiemit einladen; und zwar um so mehr, als
fast ein jedes Amt in seiner Industrie-Schulen-Ein-
richtung etwas eigenes hat. Zu diesem Ende darf ich
jeden hauptsächlich auf die Aemter Aub, Bütthard,
Ebern, Grünsfeld, Hardheim, Heydingsfeld, Hofheim, Homburg am Mayn, Iphofen, Karlstadt,
Kissingen, Kitzingen, Lauda, Markbibart, Neustadt
an der Saal, Oberschwarzach, Proselsheim, Rottenfeld,

Schlü-

Schlüſſelfeld, Volkach, u. d. g. verweiſen. Noch eines
muß ich bemerken, daß man nämlich auch nicht un-
terlaſſen habe, die Induſtrie der Kinder durch Prä-
mien zu befördern. Verſchiedene geiſtliche und welt-
liche Vorſteher haben aus eigenem Beutel verſchiedene kleine Geſchenke ausgeſetzt, welche dem fleißigſten
Kinde zu Theil werden; und bald in Gelde, bald
in Büchern, z. B. dem Noth-und Hilfs-Büchlein,
oder auch in andern für den Landmann verſtändlichen
und brauchbaren Büchern beſtehen. Bald wird auch
der Bedacht dahin genommen, Armen, aber fleißi-
gen Kindern die nöthigen Kleidungs-Stücke anzu-
ſchaffen, zumahl da bald die Armen-Commiſſionen
hierzu die Hände biethen, bald die Milde unſers
gnädigſten Fürſten eintritt, bald mit dem ſchon hie
und da exiſtirenden Induſtrie-Fond ſo vortrefflich
hausgehalten wird, daß er allerdings zu Beſtreitung
dieſer kleinen Ausgaben genüget. e) Werden der

Fürſt-

---

e) So brachte man z. B. in dem Amts-Sitze Ober-
ſchwarzach theils durch freywillige Beyträge, theils
durch Schankung Sr. Hochfürſtlichen Gnaden einen
kleinen Fond zu 47 fl. 7 1/2 Batz. fr. zuſammen.
Hievon erkaufte man 30 Strickzeuge, Garn, Wolle,
Flachs, Werrig, 2 Wollenſpinnräder, 2 Wollen-
Weifen, 8 Spinnräder mit doppelten Spulen, und
11 Pfund gekämmte, und zubereitete Wolle. Nebſt
dem ſchickte man ein Mädchen hieher in das Arbeits-
haus, um es in dem Wollen-Spinnen unterrichten
zu laſſen, und bezahlte aus dem nämlichen Fond für
ſie Koſt, und Quartier. Und doch blieben zuletzt
noch 12 fl. übrig, die man der Armen-Caſſe über-
gab, um ſie benöthigten Falls für die Induſtrie-
Schulen zu verwenden.

Fürstlichen Schul = Commission einige Kinder beson=
ders angerühmt, so belohnt auch sie den Fleiß mit
kleinen Gaben, welche desto mehr Eindruck machen
müssen, je feyerlicher die Scene veranstaltet wird,
bey welcher dieselben gereicht werden. So viel von
dem gegenwärtigen Bestande der Industrie = Schulen
in dem Hochstifte Wirzburg. In dem folgenden
Jahre hoffe ich dem Publicum noch ausführlichere
Data vorlegen zu können. Noch bleibt mir übrig

IV. Von dem jetzt schon sichtbaren Nutzen der Industrie = Anstalten

Die gehörige Rechenschaft zu geben. Ich ent=
halte mich hier, von dem Nutzen der Industrie=
Schulen im Allgemeinen zu sprechen, zumahl da der=
selbe in der oben unter Buchst. b) angezeigten Ritter
von Schulsteinischen Schrift schon anschaulich genug
dargestellt, und dem Publicum mittelst eines der Ver=
ordnung vom 25ten May 1789 beygelegten Auszugs
aus dieser Schrift gleichfalls bekannt gemacht worden
ist. Ich will also nicht von dem wichtigen Einflusse
sprechen, welchen die unter den Kindern eingeführte
Industrie auf ihre moralische Bildung hat, und haben
muß, nichts von der Vermehrung des Staats=
Vermögens, welche sich nothwendig dadurch ergiebt,
daß nun die Kinder um mehrere Jahre früher anfan=
gen, etwas zu verdienen, und die Kinder, welche auch

ehedem

ehedem etwas verdienten, nunmehr ihren Verdienst
bey weitem höher treiben können; nichts von der
Vermeidung vieler Sünden und Laster, in welche
sonst die unerfahrnen Hirten, und andere Land-Leute
in müßigen Stunden, welche sie nun mit allerhand
Arbeiten auszufüllen lernen, gestürzt wurden; nichts
von der Veredlung des Ackerbaues, welche nothwen=
dig mit der Zeit erfolgen muß, da nunmehr schon die
Kinder Unterricht in den besseren Grundsätzen, nach
welchen der Ackerbau getrieben werden muß, erhal=
ten; nichts von der Vermehrung des Obstertrages,
und ü. erhaupt von der Veredlung der Baumzucht.
u. d. g. Lauter Vortheile, welche sich erst in der
Folge in ihrem vollen Umfange ergeben werden. Ge=
genwärtig ist schon

1) Der sonst unter den Kindern von geringerem
Alter zu allen Zeiten des Jahrs, und der unter grö=
ßeren Kindern wenigstens zu gewissen Zeiten herr=
schende Müßiggang abgestellt.

2) Das auf dem platten Lande fast durchgäng=
ig bestehende Armen-Institut wird durch die Indu=
strie-Anstalten ungemein unterstützt, und erleichtert.
Da einer Seits die Kinder, welche sonst zum
Betteln ausgeschickt wurden, gegenwärtig selbst mit
Zwangsmitteln zum Arbeiten angehalten werden,
andrer Seits aber die Kinder, welche sonst aus Ab=

C   gang

gang des Verdienstes zur ersten Classe geeigenschaf=
tet gewesen wären, nunmehr nur in die zweyte Classe
gesetzt werden müssen.

3) Viele für den Landmann nothwendige Be=
dürfnisse, als Strümpfe, Handschuhe, Staucher ꝛc.
werden nunmehr den Aeltern schon wirklich von ihren
Kindern geliefert, oder sie können doch dieselben um
wohlfeile Preise in ihren eigenen Ortschaften erkau=
fen. Hieraus ergiebt sich ein mannigfaltiger Nutzen.
Ehedem mußten diese Bedürfnisse zum Theile auf
fremden Jahrmärkten erkauft, oder den herumziehen=
den Hausirern um schweres Geld abgenommen wer=
den. Nunmehr wird das Geld nicht mehr in fremd=
herrische Gebiete vertragen: die bey Besuchung der
Jahrmärkte sonst gewöhnlichen Zechungen und
Schmausereyen sammt allen ihren übeln Folgen be=
ginnen nachzulassen, und der Landmann hat noch den
Vortheil, die obgedachten Bedürfnisse um wohlfei=
lere Preise in seiner eigenen Heimath zu haben. Frey=
lich haben alle diese Vortheile noch nicht überall, und
im vollen Maße statt. Allein aus den Berichten
mehrerer Beamten, und Pfarrer, aus verschiedenen
Gesprächen, welche ich mit allerhand mir sonst un=
bekannten, und eben darum freymüthigen, und unpar=
theyischen Landleuten gepflogen habe, und aus den im=
merhin lauter werdenden Klagen der herumziehenden
Hausirer, welche ihren geringen Absatz selbst den

un=

Induſtrie-Schulen zuſchreiben, glaube ich doch behaupten zu dürfen, daß der Anfang gemacht,
mithin der Nutzen der Induſtrie-Schulen dießfalls
ſchon ſichtbar ſey.

4) Die Induſtrie-Schulen gaben die Veranlaſ-
ſung, daß manche ſonſt öde gelegenen Plätze ange-
baut, oder doch übelverwendete nunmehr beſſer, und
zweckmäßiger benutzt werden.

5) Endlich gereicht es der Wirzburger Nation
zum beſondern Ruhme, daß ſie bey Einführung der
Induſtrie-Anſtalten ſo rein-patriotiſche Geſinnungen
gezeigt, und mit ihren Handlungen bewährt hat.
Es ſind daher die Induſtrie-Anſtalten ſchon um
deßwillen als ein wahres, und großes Gut anzuſeh-
en, daß ſie dieſe Geſinnungen, wo nicht hervorge-
bracht, doch gewiß erwecket haben. Der Patriotiſmus
zeigte ſich ſchon thätig in manchen nicht unbeträchtli-
chen Vermächtniſſen, er äuſſerte ſich unter den Land-
Leuten, wie unter ihren Vorſtehern. Da gaben einige Ortsnachbarn Unterricht in Baumpflanzen, und
Pelzen: dort giebt ein Pfarrer, ein Schullehrer ſeinen eigenen Garten zum Gebrauche für die Induſtrie-
Schulen her. Bald ſchaffet ein Beamter, oder Pfarrer aus ſeinem eigenen Vermögen Materialien, und
Preiſe für die fleißigſten Kinder an. Bald unterrichtet die Gemahlinn eines Beamten, eines Phyſikus u.

b.

r. g. ohne sich der gewiß rühmlich übernommenen
Rolle einer Schullehrerinn zu schämen, die Kinder
in den Hand = Arbeiten, und sucht auf diese Art selbst
eine Pflanz = Schule für künftige Industrie = Lehrerinnen zu bilden. Diese schönen bereits bekannt geworde=
nen Thaten machen fürwahr die Aussichten in die
künftigen Zeiten angenehm; und lassen mit Grunde die
größten Vortheile hoffen, da die bereits schon sichtba=
ren Vortheile nicht unbeträchtlich genennt zu werden
verdienen.

Wenn also der Verfasser des obgedachten Auf=
satzes in dem Journale von und für Franken mit dem
angeblichen Ausspruche des Hrn. Domprediger Win=
ter ein Verdammungs = Urtheil über die Wirzburgi=
schen Industrie = Anstalten sprechen will, so muß ich
ihm noch einmahl den Vorwurf machen, daß er unser
Industrie = Wesen im Ganzen nicht kenne, ihm aber
übrigens überlassen, sich mit dem Hrn. Domprediger,
welcher den obgedachten Ausspruch nie gethan zu ha=
ben behauptet, folglich den Verfasser für einen Lügner er=
klärt hat, zu setzen. Es mag aber der Hr. Domprediger
Winter, oder ein Anderer, oder Niemand gesagt
haben, daß man immer von Industrie spreche, und
doch immer mehr Ausschatzungen erlebe, so ist diese
angebliche Erfahrung falsch, oder, wäre sie auch
wahr, doch keineswegs von der Art, um damit den
schlechten Bestand des Industrie = Schulen = Wesens
zu

zu beweisen. Falsch ist sie, weil, wenn man die Summe der Ausschazungen vom Anfange des J. 1779
bis Ende 1783, mit der Summe der Concurse vom
Anfange des J. 1784 bis Ende 1783 vergleicht,
sich die erste zur letzten wie $1 \frac{101}{374} : 1$ verhält; mithin
sich die Summe der Concurse in den letzten fünf Jahr-
en offenbar vermindert hat; überhaupt aber dem
Prüfer der Ausschazungen die tröstliche Bemerkung
nicht entgehen kann, daß ansehnliche Concurse wirklich seltner zu werden anfangen. Gesetzt aber, die Bemerkung sey wahr, so würden die Industrie-Anstal-
um deßwillen nicht verwerflich seyn, noch allenfalls
hieraus geschlossen werden könen, daß dieselben bisher keinen Fortgang gehabt, und keinen Vortheil gewährt hätten. Ausbrechende Concurse sezen entweder schon eine alte Lüderlichteit zum voraus, oder einen plözlichen Zufall. Beydes konnten die erst seit
einiger Zeit eingeführten Industrie-Anstalten nicht
verhindern.

Offenbar aber müssen die eingeführten Industrie-Anstalten, so wie die durchgängig besser getroffenen Polizey-Verfügungen wenigstens nach einigen
Jahren eine bessere Güter-Verwaltung und Oekonomie bewirten, und nebst andern wohlthätigen Folgen
auch eine weit beträchtlichere Verminderung der Concurse um so mehr zur Folge haben, als sich dieselben
schon in den letzten zwey Jahren, nämlich 1789 und

1790,

1790, gegen die Jahre 1787, und 1788 um den ach-
ten Theil gemindert haben, oder sich gegen einander
wie 1: 1 $\frac{11}{80}$ verhalten. Nur wird mit mir Jeder
in dem patriotischen Wunsche einstimmen, daß der
Schöpfer dieser herrlichen Anstalten diese Folgen
eben so in ihrem vollen wohlthätigen Umfange erleben
möge, wie Er bereits den Anfang derselben erlebt
hat.

Hofrath und Professor
Seuffert.

Ueber

Ueber das Auswendiglernen.

Aus der teutschen Encyclopädie zweytem Bande.
Seit. 576. ff.

Man lernt etwas auswendig, wenn man sich bemühet, daſſelbige dem Gedächtniß so deutlich einzuprägen, daß man es zu seiner Zeit wörtlich wiederholen kann. Eigentliche Sachen oder Realien lernt man zwar, aber nicht auswendig. Es sind nur Worte oder andre ähnliche Zeichen der Sachen, die man auswendig lernet. Derjenige, der eine Begebenheit, dabey er selbst zugegen war, oder die er gehört oder gelesen hat, wieder erzählen will, bekümmert sich nicht darum, die Worte, die der erste Erzählende gebraucht, oder mit welchen er selbst als Zuschauer sich die Sache zum erstenmahl gedacht hat, bezubehalten, sondern ist zufrieden, wenn er sich aller Umstände gehörig erinnern kann; daher erzählt er die Begebenheit wohl mehrmahlen mit andern Worten. Nur alsdann, wenn auf die eigenen Worte irgend einer handelnden Person etwas ankommt, sucht er auch die Worte selbst, so viel möglich, bezubehalten. Wer eine philosophische Definition oder einen mathematischen Beweis auswendig gelernt hat, kann noch nicht schlechterdings sagen, daß er die Sache verstehe, und behalten habe. Er hat weiter nichts, als Worte und Zeichen im Kopf, wodurch die Sache, die er vielleicht nicht

durch=

durchschaut, abgebildet worden ist. Das Auswen=
diglernen geht nicht nur auf Worte eines andern,
sondern auch auf unsre eigene, die wir zu dieser Ab=
ficht aufgesetzt haben, welches in der Hauptsache kei=
nen Unterschied machet.

Es ist eine unläugbare Erfahrung, daß eine
Sache, die einen starken Eindruck auf uns gemacht
hat, die wir in einer vorzüglichen Klarheit gedacht,
und die wir oft genug in unserer Vorstellung wieder=
holet haben, leicht und lange im Gedächtniß erhal=
ten werde. Das nämliche gilt auch von Worten, es
seyen nun einzelne Worte, oder Redensarten, oder
ganze Stellen. Hieraus fließt, daß, wer Dinge
dieser Art behalten will, zweyerley beobachten muß.
Erstlich muß er sich um einen deutlichen Begriff von
den Worten bewerben, und hernach muß er denselben
mit seinen Zeichen oft wiederholen. Einzelne oder
mehrere miteinander verbundene Worte sind die Sache
nicht selbst, sondern nur die Zeichen derselben. Die
Sache, die durch diese Zeichen abgebildet werden soll,
macht die Bedeutung aus. Ohne zu wissen, was die
Sache selbst ist, hat man nur einen gewissen Schall
in dem Kopf. Wer ein Wort aus einer fremden
Sprache hört, dessen Bedeutung er nicht weiß, der
vergißt es entweder bald wieder; oder, wenn er durch
die öftere Wiederholung sich auch zwingt, dasselbe zu
behalten, so weiß er doch nicht, wo er es gebrauchen
soll. Er verfehlt also seinen Zweck, warum er es ge=

lernet

lernet hat, oder hat, eigentlich zu reden, gar keinen
vernünftigen Zweck gehabt.

Bey dem Auswendiglernen müssen deutliche Begriffe vorausgehn. Man muß z. B. wissen, nicht nur,
was das Wort heißt, sondern auch, was es in der
Verbindung heißt, worinnen es steht, was es allenfalls in einer andern Verbindung bedeuten möge, wo
es herkommt, wenn solches zu wissen, nöthig oder
möglich ist, was es für mancherley Abänderungen
leidet; warum dermahlen dieses Wort, und kein an-
dres gebraucht worden ist, wie es von denen, die ihm
in dem Klang, oder in der Bedeutung ähnlich seyn
möchten, unterschieden ist, und so ferner. Vermit-
telst des deutlichen Begriffes, den er hievon bekom-
men hat, hat er sich das Wort nicht einmahl, sondern
vielleicht zehnmahl, jedesmahl in einem andern Ver-
hältniß und in einer andern Situation gedacht, und
also das Wort mit den darunter liegenden Begriffen
schon in der That öfters wiederholt. Sucht er nun
diese Begriffe bey sich gegenwärtig zu erhalten, so fällt
ihm, vermöge des Gesetzes der Einbildungskraft
das Wort wieder bey, wenn er auf irgend eine Vorstellung kommt, bey welcher das Wort gebraucht
worden war, oder ihm etwas einfällt, das mit jenen
Vorstellungen und dem gebrauchten Wort eine Aehn-
lichkeit hat. Hat er nachher Gelegenheit, das Wort
mehrmahlen, und vielleicht in ganz andern Verhältnissen und Verbindungen zu hören, so erinnert er sich

natür-

natürlicherweife wieder an die Vorstellungen. Auf diefe
Art erhält er nicht nur den vollen Begriff des Worts,
und lernt feinen Gebrauch in feinem ganzen Umfang;
fondern er wird auch durch die vielen Vorstellungen
und Nebenbegriffe, die er bereits mit dem Worte verbunden hatte, oft ohne fein Zuthun, durch die fich
felbft überlaffene Einbildungskraft darauf zurückge-
führt, und kann es alfo fo leicht nicht wieder vergeffen.

Diefes ift die einzige vernünftige Art des Auswendiglernens, welche diefen Namen mit Recht verdient, weil man nicht allein bey dem erften Hören,
fondern auch bey dem nachmahligen Wiederholen
Vernunft und Verftand gebraucht, und nie das Wort
und den Schall allein gedenkt. Die Art der Uebung
und Wiederholung, welche Kinder, die fchlecht ge-
führt werden, auf folgende Art vornehmen, taugt
fchlechterdings nichts: fie haben ein Wort, und von
difem nur etwas fehr weniges, vielleicht nur eine
einzige Bedeutung, und diefe wohl außer allem Zu-
fammenhang, oder auch nur eine einzige Abänderung,
(Flexion) und dergleichen gehört, worauf fie jedoch
felten aufmerkfam gewefen find. Der Gedanke davon
ift nicht lange genug in der Seele geblieben, weil die
mancherley Unterfcheidungs Merkmahle nicht gefagt,
oder nicht bemerkt worden find. Der Eindruck ift
nicht ftark genug gewefen, und alfo auch nicht von
Dauer. Nun wiederholen fie das nämliche Wort,
das heißt: den Schall zehen und mehrmahlen hinterein-
anber,

ander, ohne an die Bedeutung zu denken, welche
ohnedem durch das öftere Wiederholen des nämlichen Schalles, als durch eine stärkere Empfindung
bald wieder aus der Seele verdrängt wird. Ist es
ein Wort einer fremden Sprache, so setzen sie zwar
das teutsche Wort bey der Wiederholung hinzu; allein sie denken in diesem Falle doch auch wieder nichts
als einen Schall, ein Zeichen eines Begriffes, aber
nicht den Begriff selbst. Was Wunder, daß sie das
Wort, welches sie wohl geschwind durch eine Art des,
Herplapperns auswendig gelernet haben, doch bald
wieder vergessen? Sie haben eigentlich nichts dabey
gedacht, und es ist eben so, als wenn jemand ge-
dankenlos oder in andre Gedanken vertieft, auf schnell
vorübergehende Personen blickt, erinnert sich mit der
Zeit vielleicht wieder, daß er eine gewisse ihm vor-
kommende Person einmahl und irgendwo gesehn haben möchte; aber das ist auch alles. Eben so erinnert man sich, daß man das Wort einmahl gehört,
oder gar gewußt hat; aber man weiß es jetzo nicht
mehr, weil man seine Bedeutung nicht mehr weiß.

Was hier von einzelnen Wörtern gesagt worden
ist, ist leicht auf die Verbindung mehrerer Wörter in
Redensarten und Sätzen anzuwenden. Je deutlicher
die Vorstellung von den einzelnen Wörtern und der
Art ihrer Verbindung war, und je öfter dieselbige
wieder vorkommt, desto leichter bleibt alles hängen.
Ein Lehrsatz aus der Mathematik wird bald wieder
ver-

geſſen, wenn man nichts als den Schall gefaßt hat, und nicht weiß, was für Begriffe unter dem Subject und Prädicat verborgen liegen, in welcher Verbindung ſie miteinander ſtehn, und aus was für Gründen dieſelbige erwieſen werden muß.

Und ſo verhält es ſich mit allen nicht nur dogmatiſchen, ſondern auch hiſtoriſchen Sätzen. Man präge ſich den Satz ein: Alexander der Große hat im Jahre der Welt 3648 (nach Petaviſcher Zeit-Rechnung) die Regierung angetreten: Wie bald wird derſelbige wieder vergeſſen ſeyn? Weiß man aber, wer Alexander war, was er gethan, und wie er inſonderheit das Perſiſche Reich zerſtöret hat? Weiß man ferner, wie lang dieſes Reich ohngefähr geſtanden hat? und wenn folglich Cyrus, der Stifter deſſelben gelebt hat? Wer dieſer Cyrus war? wie er die Juden aus der Babyloniſchen Gefangenſchaft entlaſſen hat? und wie lange dieſe gedauert hat? wie viel Jahre von der erſten Zerſtörung Jeruſalems bis auf den Bau des Tempels, und von da bis auf den Ausgang der Iſraeliten aus Egypten rückwärts gezählt werden müſſen? ſo wird das Jahr, in welchem Alexander die Regierung überkommen hat, durch die vielen damit verbundenen Zeitbeſtimmungen leichter behalten, oder Falls es vergeſſen worden iſt, doch bald wieder gefunden werden können.

Bey ganzen Stellen, die man auswendig behalten will, iſt erforderlich, daß man ſich zubor den In-

halt derselben, die vornehmsten Sätze und deren Verbindung, den Plan, die Disposition, den Gang,
den der Schriftsteller genommen hat, bekannt macht.
Hierauf muß man die Verbindung eines jeden einzelnen Satzes mit dem vorhergehenden und folgenden
zu entdecken suchen. Endlich muß man auf den Ausdruck eines eines jeden Satzes aufmerksam seyn, und
sich bemühen, die Gründe auszuforschen, warum
der Schriftsteller in Absicht auf alle diese Stücke so
und nicht anderst zu Werk gegangen ist. Hat man
sich dieß ein paarmahl deutlich vorgestellt, und man
überliest die Stelle alsdann noch etlichemahl, so werden auch die Worte selbst meistens hängen bleiben.

Es ist ein gutes Hülfsmittel, daß man bey allen
hier namhaft gemachten Fällen, dasjenige, was man
bereits in der erforderlichen Deutlichkeit überdacht
hat, laut hersagt, oder eine Stelle mit dem gehörigen Affect und Nachdruck liest. Durch die laute
Aussprache drückt sich alles viel stärker ein; nicht bloß
Verstand und Gedächtniß, sondern auch Sinnen werden dadurch beschäftigt, und durch die Empfindung,
welche in dem Ohr erregt wird, werden wegen ihrer
Stärke zugleich andere Nebengedanken, die in der
Seele seyn möchten, und dem Hauptgedanken viel
von seiner Stärke benehmen, verdrungen. Man
muß sich aber hüten, dieses laute Hersagen nicht eher
vorzunehmen, bis man alles in der gehörigen Deutlichkeit gedacht hat; sonst prägt sich am Ende weiter
nichts,

nichts, als ein Schall ohne Begriffe ein, welcher nicht dauerhaft seyn kann.

Wird das Auswendiglernen auf diese Art angestellt, so ist es nicht nur untadelhaft, sondern auch zum Behalten der Wörter und Ausdrücke, wofern solches erforderlich seyn sollte, hinreichend. Die Erfahrung lehrt, daß wir auf diese Art nicht nur Sprechen ohne große Beschwerniß lernen, sondern auch ganze Stellen guter Schriftsteller wörtlich behalten, und letzteres wohl alsdenn, wenn wir nicht einmahl diese Absicht hatten. Die deutlichen Vorstellungen von den Sachen und deren Einkleidung, der Geschmack, den wir an dem Schriftsteller gefunden haben, das Vergnügen, das uns sein Vortrag gemacht hat, das öftere Lesen einer Stelle, die uns gefallen hat, sind die wahren Ursachen, warum wir sie endlich wörtlich, obgleich ohne es selbst zu bemerken, auswendig behalten.

Aber ein Auswendiglernen, wobey wenig oder gar nicht auf die Sachen, sondern nur allein auf die Töne der Wörter, wo nicht auf die Verbesserung des Verstands sondern nur auf das Gedächtniß und die Errinnerung allein gesehn wird, können dieses nicht so bewirken, daß alles fest hängen bliebe. Es ist wahr, man kann sich durch das öftere Herplappern und Wiederholen eines und des nämlichen Worts, der nämlichen Redensart, der nämlichen Stelle zwingen, sie zu behalten. Allein da die Seele nichts dabey denkt, so ist es nicht von Dauer. Es gibt

wohl

wohl Leute, die die Gabe haben, auch das, was sie ohne Verstand auswendig gelernet haben, auf eine lange Zeit und für beständig zu behalten. Aber das sind Ausnahmen, nach welchen man keine Regel fest-setzen kann.

Und gesetzt, diese Art des Auswendiglernens thue so viele Wirkung, daß man das Gelernte jeder-zeit wieder wörtlich vorbringen könnte: was hat man denn für Nutzen, wenn man nicht weiß, wie, und wo-zu man es gebrauchen soll? Und dieses kann man nicht wissen, wenn man nicht vorher deutliche und vollständige Begriffe von der Sache erhalten hatte.

Gegen jenes verkehrte und blos mechanische Aus-wendiglernen eifert man, wenn mann das Auswen-diglernen tadelt, und nicht gegen dieses Geschäft überhaupt. Denn es giebt Fälle, wo man allerdings ehmahlige Vorstellungen wieder wörtlich zurückzubrin-gen, im Stande seyn muß. Aber es ist auch ein Feh-ler, wenn man glaubt, daß dieß in Absicht auf alles das, was man gelernet hat, nöthig sey. Der Satz, so viel wissen wir, als wir im Gedächtniß haben, (tantum scimus, quantum memoria tenemus) ist wahr, wenn er weiter nichts heißt, als: man muß sich an das, was man gelernt hat, wieder errinnern können. Denn sonst ist es in der That so viel, als wenn man es nie gelernt hätte: Man muß das, was man zu wissen vorgiebt, auch sagen können. Falsch aber ist es, wenn man jenen Satz so weit ausdehnt, daß man glaubt, man müsse alles auswendig wissen. In

In allen Fällen, wo der Verstand schon hin-
reicht, das ehemahls gelernte wieder anzubringen,
welcher Verstand ohnehin nicht ohne Gedächtniß seyn
kann, ist es nicht nöthig, auf das Auswendiglernen
zu dringen. Es giebt viel tausend Fälle, wo es genug ist, daß wir die Sachen wissen, ohne daß wir
der Worte, worinnen sie uns zuerst vorgetragen worden, oder wir sie selbst gedacht haben, nöthig hätten.
Und gegen dieses unnöthige Auswendiglernen hat man
eben so viel Grund zu eifern, als gegen das verkehrte.

Denn es ist eine offenbare vergebliche Arbeit, etwas zu thun, das man nicht nöthig hat, und das
doch dabey nicht nur Mühe, sondern auch Zeit kostet,
während welcher man etwas nützlicheres hätte thun
können. Wenn es genug ist, die Sache zu wissen,
z. B. eine Geschichte, wofür brauche ich mir die Mühe
zu geben, mir auch noch die Worte einzuprägen,
welches doch nicht ohne eine zeitverderbliche Wiederholung abgehen kann? Hernach hat auch nicht ein
jeder die Gabe, alles, was er wirklich faßt, und be-
greift, wörtlich zu behalten. Wenn nun solches nicht
nöthig ist, und er von dem Erlernten doch gehörig
Gebrauch machen kann: wofür will man ihn plagen,
auch noch die Worte zu behalten? Denn wirklich ist
es für denjenigen, welcher kein starkes Gedächtniß
hat, eine große Plage. Endlich bleiben noch Dinge
genug übrig, woran das Gedächtniß sein Amt thun
kann, und die man wörtlich behalten muß, ohne
daß

daß man nöthig hat, daſſelbige mit unnützen Geſchäf=
ten zu beſchweren, und einem Menſchen, der vielleicht
lieber denkt, als auswendig lernt, das Lernen zu
verleiden.

Allein man ſieht bald, daß es mit dieſen allgemeinen Grundſätzen, ob ſie gleich richtig ſind, und
von Niemanden geläugnet werden, noch nicht ausge=
macht iſt. Denn alles beruht auf der Anwendung
derſelben Es iſt alſo die Hauptfrage: in welchen
Fällen iſt das Auswendiglernen nöthig? Wir verſtehen
aber das vernünftige Auswendiglernen, bey welchem
der Verſtand geſchäftig iſt, und deutliche Begriffe
vorausgehn. Denn die andere Art des Auswendig=
lernens, wobey die es nicht geſchieht, iſt ſchlechterdings
verwerflich.

Bey Sprachen muß allerdings eins und das an=
dre auswendig gelernt werden. . Es finden ſich hier
erſt die Wörter ſelbſt, hernach ihre Abänderungen
nach der Grammatik, und dann ihre Verbindungen zu
ganzen Redensarten, theils wiederum nach den Re=
geln der Grammatik, theils nach dem Gebrauche zu
bemerken.

Wenn man eine Sprache erlernen will, und dieſelbige nicht ſchlechterdings ohne alle Regeln durch die
bloſe Uebung (wodurch jedoch ſehr ſelten, auch bey
lebenden Sprachen etwas rechtes herauskommt,)
erlernen will, ſo muß man, wenn man le=

fen kann, sich die Etymologie bekannt machen.
Sehr viele Wörter werden durch die sogenannten Declinationen und Conjugationen auf mancherley Art abgeändert. Wollte man alles hier
auf die bloße Uebung ankommen lassen, so würde solches nicht nur eine sehr lange Zeit erfordern, sondern man würde auch nicht zu dem gehörigen Grade
der Gewißheit gelangen. Man zeige also die mancherley Abänderungen der Wörter nach gewissen Classen und Abtheilungen. Hieburch erspart man sich die
Mühe, solches von allen einzelnen Wörtern zu thun.
In allen Sprachen giebt es viele Wörter, die auf ei-
nerley Art abgeändert werden. Man zeige dieß bey
der ersten Classe durch drey, vier Exempel. Aus
den Exempeln komme man hinten nach auf die Regel, so ist sie nicht nur begreiflich, sondern auch
leicht zu behalten. Ist die Regel gesagt worden, so
füge man mehrere Exempel hinzu, und mache den
Lehrling auf das aufmerksam, worinn alle Exempel
übereinstimmen. Denn dieses giebt eigentlich die
Regel. Nun schreite man zu einer andern Classe von
Wörtern, und verfahre auf die nämliche Art. Ist
dieß geschehen, so zeige man, wodurch beyde Classen
von einander unterschieden sind. Indem man nun
mehr das Charakteristische einer jeden Classe bemerkt,
so verhindert man nicht nur, daß der Lehrling beyde
Classen miteinander verwirrt, sondern man übt ihn
in der That durch eine Art von Wiederholung, indem

man

man ihn veranlaßt, sich die vorhergehende Classe wie, der deutlich vorzustellen. Ist der Verstand die Gabe, sich deutliche Begriffe von einer einzigen Sache zu machen; die Vernunft, das Vermögen, sich mehrere Begriffe in ihrer Verbindung zu denken; der Witz, die Kraft der Seele das Aehnliche mehrerer Gegenstände zu bemerken, und sie miteinander zu vergleichen; die Scharffinnigkeit, die Kraft den Unterschied der Dinge wahrzunehmen: so ist es begreiflich, daß durch die vorhin beschriebene Lehrart alle diese Kräfte der Seele zugleich mitgeübt werden, welches kein geringer Vortheil ist, indem wir dieser Kräfte sowohl in Wissenschaften als im gemeinen Leben eben so sehr benöthigt sind, als des Gedächtnisses. Aber auch dieses wird hiebey nicht vernachläßigt, indem durch die öftern Wiederholungen einer und der nämlichen Sache, Regel und Bemerkung, die Aufmerksamkeit immer aufs neue darauf gelenkt wird, wodurch denn das Gedächtniß in der That gestärkt wird. Neben diesem beschriebenen Geschäfte läßt man die sogenannten Paradigmata in der Grammatik vorlegen, oder zeichnet sie an eine Tafel, läßt die Wörter darnach formiren, und befiehlt endlich, daß dieses alles, auser der Lehrstunde nach Anleitung des gedruckten Buches geschehe, und examinirt nach der Hand den Lehrling, und berichtigt und ergänzt seine Vorstellungen. Auf diese Art lernt er, wenn er nicht abscheulich dumm ist, (als welches ein seltener Fall ist) die

Decli-

Declinationen, Conjugationen und die übrige Ety=
mologie spielend; er lernt in der That auswendig,
ohne daß es in der That das Ansehen des so sehr ver=
haßten Auswendiglernens hat, welches billig verhaßt
ist, wenn man alles auf den Lehrling allein und sein
öfteres Herbeißen ankommen läßt, ohne ihm durch
deutliche Erklärung behilflig zu seyn.

So wie das Vornehmste und Regelmäßigste in
der Etymologie gefaßt worden ist, schreitet man zu dem
Wesentlichsten des Syntaxes, und zeigt die Haupt=
regeln, die zur Verbindung der Wörter gehören,
und deren nur wenige sind. Man erläutert sie mit
faßlichen Beyspielen, und sobald dieses geschehen ist,
schreitet man zu einem leichten Schriftsteller, und
fängt ihn an zu exponiren Man zeigt den Gebrauch
der bisherigen etymologischen und syntactischen Re=
geln abermals in den Beyspielen, die der Schriftstel=
ler darbietet; und dann müßte es ein Unglück seyn,
wenn durch die öftern Wiederholugnen die Regeln nicht
hängen bleiben sollten, die man zu mehrerer Deut=
lichkeit in der Grammatik jedesmahl aufschlagen läßt.
Alsdann braucht man wieder nicht zu dem förmlichen
Auswendiglernen seine Zuflucht zu nehmen. Der
Lehrling weiß die Regel, ehe e'rs sich selbst versieht,
und was noch mehr ist, er versteht ihren Gebrauch.
Man braucht sie also nicht wörtlich auswendig lernen
zu lassen, wie so viele Lehrer aus Unverstand oder
aus Gemächlichkeit thun; als welches hier die Trieb=

feber zu seyn pflegen. Wofür braucht man eine Regel wörtlich auswendig zu wissen, wenn man die da-
rinnen enthaltene Sache versteht, und sie zu gebrau=
chen weiß? Sind denn die Worte der zum Grunde
gelegten Grammatik ein Heiligthum, wovon man
schlechterdings nicht abweichen dürfte? Sind die
Hauptregeln der Etymologie und des Syntaxes recht
geläufig: so kann man nach und nach zu den Ausnah=
men und Besonderheiten schreiten, so daß man allen=
falls die Grammatik der Reihe nach durchläuft; bey
dem Exponiren des Schriftstellers aber vorzüglich darauf bedacht ist, diese Dinge, so wie sie vorkommen,
nachzuholen. Und aus dem fortwährenden Gebrauche
eines oder mehrerer Schriftsteller erlernt man endlich
auch den mancherley Gebrauch der Wörter in Ab=
sicht auf ihre Verbindung, Construction und Regi=
men, welches eben nicht alles in den Grammatiken
stehen kann. Es ließe sich hievon noch vieles sagen;
wir müssen aber abbrechen, um nicht zu weitläufig zu
fallen. Was gesagt ist, kann hinlänglich seyn, zu
beweisen, daß das blos mechanische Auswendiglernen
auch nicht einmahl in Absicht auf die Anfangsgründe
einer Sprache nöthig sey, wo es doch die Meisten für
unentbehrlich halten.

Allein vielleicht ist es in Absicht auf die Wörter
und ihre Bedeutung nöthig? Auch nicht! Der Lehrer exponirt dem Schüler eine schickliche Stelle vor,
zeigt ihm die Bedeutung eines jeden Wortes theils

D 3 überhaupt

54

überhaupt, theils in Absicht auf den Zusammenhang, und macht die nöthigen grammatikalischen Anmerkungen: des andern Tages muß der Schüler dieses selbst nachholen, und die Stelle e. poniren. Weil es aber anfänglich geschehen kann, daß derselbe die vergessenen Wörter noch nicht in einem Wörterbuche finden kann, so ist es gut, ein solches Buch zu wählen, wo bey oder hinter einer jeden Stelle die Wörter abgedruckt sind.

Der Lehrer läßt sie herlesen, und erklärt bey einem jeden die Bedeutung, und sagt, was er sonst in Absicht auf die Declination, Conjugation und dergleichen zu erinnern findet. Hiedurch kann der Schüler die Wörter alle zu Hause ohne Mühe auswendiglernen, wenn er sie ein paarmahl überließt, vorzüglich aber, wenn er dieselbigen mit der aufgegebenen Stelle zusammenhält, und sich also darauf vorbereitet. Hiedurch erspart man ihm im Anfange das Nachschlagen, welches ihm noch zu viele Mühe und Zeit kosten dürfte, und versieht ihn einstweilen mit den nothwendigsten Wörtern, die er gerade braucht. Sobald er im Nachschlagen hinlänglich geübt ist, und auch so viel Grammatik versteht, daß er sich einigermaßen helfen kann, läßt man ihn die Wörter zu Hause nachschlagen.

(Die Fortsetzung folgt im nächsten Hefte.)

An-

Anzeigen.

München.

Unterricht für chriftliche Eheleute vom gemeinen
Stande, zur Beförderung ihrer Glückfeligkeit.
Verfaffet von einem Seelforger. 1790. Bey
Lentner. in 8vo. 7 Bogen (18 Kr. rh.) .

Nichts ift gewißer, als daß der Grund zur Erzieh=
ung der Kinder im väterlichen Haufe geleget wird.
Sind die Aeltern das, was fie feyn follen, fo wer=
den fie zuverläßig einen guten Grund zu derfelben
legen, und keine andere als wohlgezogene Kinder in
die Schule fchicken.   Dem Schullehrer wird es dann
ein leichtes feyn, fie noch mehr auszubilden, und
die angefangene Erziehung glücklich zu vollenden.
Wie aber, wenn die Aeltern ihre Eheftands = und
Erziehungs = Pflichten gänzlich verfäumen?   Wie,
wenn fie diefelben nicht einmahl kennen?   Müffen
dann die Kinder nicht verdorben werden?   Und kann
der Schullehrer, wenn er fich auch noch fo viele
Mühe giebt, die verdorbenen wieder gut machen?
Diefe Betrachtung bewog einen emfigen Seelforger
in Bayern gegenwärtiges Büchlein herauszugeben.
Die Fragen, welche er darinn aufwirft, und fo faß=
lich als gründlich beantwortet, find folgende.   Aus

D 4   welcher

welcher Absicht, und zu was für einem Ziel ist der
Ehestand eingesetzt worden? Ist der Ehestand mehr
ein Freuden=oder mehr ein Wehestand? Was heißt
man eine Pflicht für Eheleute? Welche sind die Pflich=
ten des Ehemannes? Welche sind die Pflichten des
Weibes? Wäre es eine große Sünde, wider diese
Standes = Pflichten zu handeln? Wie kann man
Gleichgiltigkeit und Haß vermeiden, Liebe und Freund=
schaft hingegen erhalten? Wie soll sich ein Mann ge=
gen ein fehlerhaftes Weib, und ein gutes Weib gegen
einen tadelvollen Mann verhalten? Wie können
Eheleute den lieben Frieden in ihrem Hause erhalten?
Wenn ein Streit, oder eine Beleidigung unter den
Eheleuten erfolget seyn sollte, wie müssen sie sich dann
verhalten? Wie kann man sich vom Zorn enthalten,
und den Eifer mäßigen lernen? Warum sind Geiz,
Verschwendung, und Nachläßigkeit der Eheleute be=
sonders sündhaft? Soll die Aufrichtigkeit unter den
Eheleuten völlig unbegränzt seyn? Wie sollen sich
Eheleute vor der Eifersucht und dem bösen Argwohn
hüten? Wie ist die Eifersucht zu heilen? Wie müs=
sen sich die Eheleute bey dem Umgang mit auswärti=
gen Personen verhalten? Eine brüderliche Erinne=
rung an Alle, die mit Verheiratheten umzugehen
pflegen? Giebt es keinen Fall, wo Verheirathete
sich verlassen, oder wo sie gänzlich auseinander geh=
en dürften? Wann wird die Ehe gebrochen, und
was ist der Ehebruch für eine Sünde? Ist den

Verehe=

Verehelichten in Rückſicht der Gemeinſchaft ihrer Lei-
ber Alles erlaubt? Welche Mittel ſollen Verheirathete anwenden, ehelich, enthaltſam und treu zu leben?
Sollen die Eheleute auf ihre Güter ein gleiches Recht
haben, und ſelbe gemeinſchaftlich verwalten? Sollen
beyde Ehegenoſſen auch wechſelweiſe für ihre Religion
und Tugend Sorge tragen? Haben die Kinder,
wenn ſie verehelicht ſind, noch die vorigen Verbind-
lichkeiten gegen ihre Aeltern? Haben die Verehelichten auch noch eine Verbindlichkeit gegen ihre Geſchwi-
ſter, andere Angehörige und gegen die Austrägler?
Sind die Verehelichten auch noch an die Pflicht der
Wohlthätigkeit gegen Arme gebunden? Welche
Pflichten haben Eheleute als Bürger eines Staates
zu beobachten? Von dem Wittibſtande. Von der
zweyten Ehe, und nöthigen Erinnerung dabey. Einige Regeln zur klugen Hauswirthſchaft für den Mann.
Einige Regeln zur klugen Oekonomie des Weibes.
Kurze Anleitung zur chriſtlich = guten Kinderzucht.
Von der Bildung des Körpers. Von der Bildung
des Geiſtes. Von der Erziehung des Kindes zur
Tugend. Von den Mitteln den Kindern Tugend und
Religion beyzubringen. Bemerkungen der gewöhn-
ichſten Fehler bey der Kinderzucht. Eine nöthige
Erinnerung an alle Aeltern. Eine Antwort auf die
Entſchuldigung vieler Aeltern. — Leute vom Bürger-
ſtande, welche in den ſo äußerſt wichtigen Eheſtand

tret=

treten wollen, oder schon in denselben getreten sind, werden sich dieses Unterrichtes mit dem größesten Vortheile bedienen.

Wirzburg.

M. A. Köl's Teutsche Sprachlehre für die Mittelschulen an der Universität zu Wirzburg. Mit Hochfürstl. gnädigster Freyheit. In der Stahelischen Universitäts-Buchhandlung 1791. 22 Bogen in gr. 8vo. Der Preis ist 22 Kreuzer rheinisch für die Landesschulen.

M. A. Köl's kleines Wörterbuch für die Aussprache, Orthographie, Biegung und Ableitung, als der zweyte Theil der teutschen Sprachlehre. Mit Hochfürstl. gnädigster Freyheit. Eben daselbst. 1790. 20 Bogen in gr. 8vo. Der Preis ist 20 Kreuzer rheinisch für die Landesschulen.

Unter den mannigfaltigen Lehrgegenständen teutscher Schulen hat man in unsern Tagen mit Recht auch die Uebungen in der Muttersprache aufgenommen. Diese mit einer gewissen Fertigkeit richtig und rein sprechen und schreiben zu können, gereicht jedem Teutschen zur Ehre, und gewähret auch dem gemeinen Bürger große Vortheile. Jeder, welcher auch zum sogenannten Studieren und Bücherschreiben eigentlich nicht den Beruf hat, findet sich oft in dem Falle, wo ihm der Mangel jener Fertigkeit viele unangenehme Stunden verursachen kann. Die Geschicklichkeit sich in seiner Muttersprache richtig und rein ausdrücken zu

können,

können, hilft manchen jungen Künstler und Handwer-
ker in der Fremde aus einer großen Verlegenheit.
Man weiß, daß mancher Mensch durch gutes Lesen
und Schreiben nicht bloß bey reichen Herrschaften
und Güterbesitzern, sondern selbst beym Soldaten-
stande über alle Erwartung sein Glück gefunden
hat. Wenn Chirurgen, Mechaniker, Uhrmacher,
Schreiner u. d. gl. durch natürliches Genie zum Be-
hufe ihrer Kunstarbeiten ein bequemes Werkzeug er-
finden, welches nur in einer weit entfernten Stadt
verfertiget werden kann, so werden sie zu einer ihrem Zwecke ganz entsprechenden Erhaltung desselben
nebst einer bildlichen Zeichnung immer noch die Nothwendigkeit einer richtigen und deutlichen Beschreibung
fühlen. Auch der Sohn des gemeinsten Landbauers
kann als Mann in öffentliche Geschäfte kommen, wäre es auch nur als Pächter, Vormünder, u. d. gl.
wo ihm die Fertigkeit im Lesen und Schreiben wohl
zu Statten kommen wird. Und wie viele Vortheile
würde dadurch nicht Mancher gewinnen, der in Pro-
zesse verwickelt wird? Was für einen Verlust leidet
oft der Landmann durch eine zuweilen mehrere Tage
lange Entfernung von seinen häuslichen Geschäften,
wenn er sich in die von seinem Wohnorte weit entle-
gene Residenzstadt begeben muß, um mündlich dem
Anwalte oder Advocaten seinen Rechtsstreit zu erklären? Und in welche Umschweife verwickelt er sich dann
noch durch undeutlichen, unbestimmten, und oft
un-

unrichtigen Ausdruck? Mancher Prozeß würde in
kürzerer Zeit entschieden und weniger kostspielig seyn,
mancher würde vielleicht gar nicht entstehen, oder
wenigstens nicht bey dem höheren Gerichte anhängig
gemacht werden, wenn der gemeine Mann sich entweder nur schriftlich oder wenigstens mündlich gleich
Anfangs bey seinem Sachwalter oder Richter deutlich
und bestimmt erklären könnte.

Frühzeitig muß also die Jugend angewiesen
werden, ihre Muttersprache rein und richtig zu sprechen, und zu schreiben. Den Unterricht hierin müs-
fen gewissenhafte Lehrer für einen desto wichtigeren
Lehrgegenstand halten, je größer ihnen die daraus
entstehenden Vortheile scheinen. Selbst im gemeinen Leben pfleget man vom guten schriftlichen oder
mündlichen Ausdrucke in der Muttersprache auf eine
nicht gemeine Geistesbildung, so wie im entgegenge-
setzten Falle auf eine rohe und vernachlässigte Erziehung zu schließen. In den Jugendjahren hat der
Mensch die meiste Empfänglichkeit für Lehren jeder
Art. Da die Jugend die meiste Zeit in den Schulen
sich aufhält, so kann sie hier am besten auf die Sprach-
fehler des gemeinen Lebens aufmerksam gemacht,
und wegen der Biegsamkeit ihrer Sprachwerkzeuge
zum reineren und richtigeren Sprechen am leichtesten
gewöhnt werden.

Die

Die Mittheilung unserer Gedanken über die
beste Art, jungen Leuten zu einer Fertigkeit im guten mündlichen und schriftlichen Vortrage in ihrer
Muttersprache zu verhelfen, würde hier zuvielen
Raum wegnehmen. Daß Uebungen darin nützlich
seyen, hat noch Niemand bezweifelt. Daß die bloße
Lehre von den Regeln einer Sprache ohne sorgfältige
Uebungen zu jener Fertigkeit nicht verhelfe, zeigen
tausendfache Erfahrungen. Aber mechanische Uebungen allein leisten das auch nicht, was Manche davon
rühmen wollen. Die genaue Kenntniß der Regeln
oder allgemeinen Grundsätze gewähret in allen Fächern
einen höheren Grad von Zuverlässigkeit. Regeln in
der Sprache machen uns aufmerksam auf den guten
und richtigen Sprachgebrauch: durch fleißige Uebungen
werden dieselben erst recht anschaulich gemacht, und
je deutlichere und gründlichere Kenntniß man von
den Sprachregeln hat, desto sicherer wird man auch
in der Anwendung derselben verfahren.

Die theoretische Lehre der Muttersprache wird
aber besonders nothwendig in den Schulen jener
Provinzen, wo die gemeine Sprechart so verderbt
ist, daß man selbst die Muttersprache gleichsam als
eine Büchersprache studieren muß, um dieselbe in
ihrer Reinheit vollkommen zu erlernen. Ja der gram=
matische Unterricht in derselben ist auch deßwegen in
unseren Bürgerschulen ein dringendes Bedürfniß,

weil

weil die Jünglinge, welche sich nachher dem sogenannten Studiren widmen, größten Theils von dem gemeinsten Bürgerstande sind. Der zum Studieren bestimmte Knabe kommt in eine lateinische Schule, wo
er mehrere Jahre hindurch fast einzig und allein mit
der Erlernung der lateinischen Grammatik beschäfti-
get wird. Diese würde ihm gewiß viel leichter,
gründlicher und angenehmer beygebracht werden,
wenn er schon vorher einen gründlichen Unterricht in
den Grundgesetzen seiner Muttersprache und richtige
Begriffe von den grammatischen Kunstausdrücken erhalten hätte. Was hierüber Hr. Köl in der Vorrede
beym ersten Theile seines Handbuches zum Studi-
um der teutschen Sprache und Litteratur *) sa-
get, empfehlen wir jedem eifrigen Schulmanne zum
ernstlichen Nachlesen.

Auch in unsern Landesschulen war man schon
seit 20 Jahren bemühet, die Jugend in ihrer Muttersprache zu unterrichten. Das erste Lehrbüchlein zu
diesem Endzwecke war eine kurze Anweisung zur
teutschen Orthographie. In der Folge gieng man einen Schritt weiter, und fügte etwas von der Biegung oder Abänderung der Nenn - und Zeitwörter
und vom Versenmachen in teutscher Sprache bey.
Gottsched's Sprachkunst war damahls das einzige

Ora-

*) Wirzburg gedruckt und verlegt von Hrn Hof-
buchdrucker Sartorius. Der Preis ist 30 Kreuzer.

Orakel. Die Verfasser des wirzburgischen Lehrbuches schöpften größten Theils aus ihm. Ihre Begriffe von einer teutschen Sprachlehre waren aber noch so enge beschränket, daß sie von dem eigentlichen Syntaxe gar nichts vortrugen, vermuthlich weil sie die teutsche Wortfügung für ganz regellos hielten. Für Knaben = und Mädchenschulen wären diese Kenntnisse auch hinlänglich gewesen: aber selbst in den Gymnasiums = Schulen gieng man in der Lehre der Muttersprache nicht weiter. Einige Lehrer der Trivial= Schulen führten daher Gottsched's Kern zur teutschen Sprachkunst ein, um ihre Zöglinge mit den Eigenthümlichkeiten ihrer Muttersprache bekannter zu machen. Die Lehrbücher für Trivial = Schulen suchte man immer mehr zu vervollkommnen, und besonders den ersten Unterricht im Lesen und Schreiben auf einfachere, bestimmtere und richtigere Regeln zu gründen. Man bemühte sich aber nicht, auf diesem Grunde symmetrisch fortzubauen. Selbst in unserem A B C = und Lesebuche findet man noch Beweise, daß die Verfasser desselben noch nicht genug bestimmte und reine grammatische Begriffe z. B. von abgeleiteten und zusammengesetzten Wörtern hatten. Man hat überhaupt seit Gottsched's Zeiten in der genaueren Bestimmung der Grundgesetze unserer Muttersprache sehr große Fortschritte gemacht, und der Herr Hofrath Adelung hat sich unstreitig die größten Verdienste darin erworben.

Unser

Unſer Landsmann, Hr. Michael Adam Köl,
von Königshofen im Grabfelde gebürtig, liefert hier
nun nach den beſten Grundſätzen eine teutſche Sprachlehre für die Gymnaſiums-Schulen. Wir empfehlen dieſelbe allen Lehrern und allen denjenigen, welche ſich eine vollſtändige, gründliche und deutliche
Kenntniß ihrer Mutterſprache erwerben wollen. Man
darf dieſe Sprachlehre freylich nicht mechaniſch und
flüchtig leſen, ſondern man muß dieſelbe mit denken-
dem Geiſte ſtudieren. Dieſe Mühe wird aber am Ende reichlich belohnet: man erhält richtige und beſtimm-
te grammatiſche Begriffe, und eine allgemeine philo-
ſophiſche Ueberſicht des ganzen teutſchen Sprachge-
bäudes. Nur muß man ſich die grammatiſchen Kunſt-
ausdrücke, welche der V. gebrauchet, ganz eigen
machen, und keinen neuen Satz leſen, ehe man den
vorhergehenden vollkommen deutlich verſtanden hat.
So viel wir wiſſen, arbeitet jetzt der V. an einem
kurzen Auszuge, welcher in die Trivial-Schulen
als Lehrbuch eingeführet werden ſoll. Dann wird
der ſtudierende Jüngling einſt in dieſer größeren
Sprachlehre weniger Schwierigkeit, und den höheren Sprachunterricht mit ſeinem erſten Schulunter-
richte übereinſtimmend finden, und endlich in den
Stand geſetzet werden, die Grundgeſetze ſeiner Mutterſprache vollſtändig zu erlernen.

Es

Es bestehet aber diese Sprachlehre aus zwey
Theilen: der erste enthält die Anweisung richtig zu
sprechen, und der zweyte handelt von der Recht-
schreibung. Der erste Theil zerfällt wieder in drey
Abschnitte. Im ersten Abschnitte wird von der Bestimmung und Eintheilung der Buchstaben, Sylben
und Wörter, und von der richtigen Aussprache derselben gehandelt. Im 5ten und 6ten Kapitel wird
die ganze Lehre von dem Tone oder Accente einzelner
Sylben und ganzer Wörter vorgetragen. — Der
zweyte Abschnitt enthält die eigentliche Etymologie
oder die Lehre von der Bestimmung, Eintheilung
und Bildung der zehn Redetheile, und von den Ver-
änderungen, deren sie fähig sind, nämlich von der
Biegung oder Declination und Conjugation, vonder
Steigerung oder Comparation, u. s. f. — Der
dritte Abschnitt endlich enthält in vier Kapiteln den
Syntax oder die Regeln von der Verbindung der
Wörter zu einem vollständigen Redesaze. — Der
zweyte Theil handelt dann in sieben Kapiteln 1) von
den allgemeinen Grundsätzen der Orthographie, 2)
von dem richtigen Gebrauche einzelner Buchstaben,
3) von der in der teutschen Schrift gewöhnlichen
Bezeichnung des Tones einzelner Sylben, nämlich
von der Verdoppelung der Selbst = und Mitlaute, 4)
von der Theilung einfacher und zusammengesetzter
Wörter, 5) von dem Gebrauche großer Anfangsbuchstaben, 6) von den Abbreviaturen oder Abkür-

E   zungen

zungen in der Schrift, und 7) von den übrigen
in der Schrift gebräuchlichen Zeichen, besonders von
den Unterscheidungszeichen oder Interpunctionen. —
Am Ende ist ein kleines Register über die merkwür-
digsten Sachen und Wörter beygefüget, welches besonders denen, die mit den grammatischen Kunstwör-
tern noch nicht ganz bekannt sind, beym Gebrauche
dieser teutschen Sprachlehre gute Dienste thun wird.

Das kleine Wörterbuch hat folgende Einrichtung. Nur die Stamm- und Wurzelwörter stehen in
alphabetischer Ordnung, und jedes abgeleitete Wort
mit Vor- oder Nachsylben muß man unter seinem
Stammworte suchen, z. B. Bekümmerniß unter
Kummer. Jedoch werden auch abgeleitete Wörter
unter dem Anfangsbuchstaben ihrer Vorsylbe angeführt, wenn die Grund- oder Wurzelsylbe nicht mehr
als Wort für sich gebräuchlich ist, oder wenn das
Stammwort wegen der Veränderung eines Haupt-
lautes nicht so leicht erkannt wird. Dann stehet bey
jedem Hauptworte der Artikel, die Endung des Ge-
nitives der Einheitszahl, und die Endung des No-
minatives der Mehrheitszahl. Mehr brauchet man
nach Hr. Köl's Lehre nicht zu wissen, um ein Hauptwort
richtig biegen zu können. Wenn der Nominativ der
Mehrheitszahl nicht angegeben ist, so ist er dem No-
minative der Einheitszahl gleich. Bey Beschaffen-
heitswörtern ist die Art ihrer Steigerung bemerkt.

Bey

Bey den Zeitwörtern wird vorzüglich angezeiget, ob
sie transitive oder intransitive sind, und mit welchem
Hülfszeitworte im letzteren Falle die völlig vergangene Zeit (Perfectum) von denselben gebildet werde.
Ferner wird bey unregelmäßigen Zeitwörtern die nicht
völlig vergangene Zeit (das Imperfectum) und das
Mittelwort der vergangenen Zeit angemerket: aber in
Rücksicht auf die übrige abweichende Biegung in einzelnen Personen und Zeiten wird man durch eine rö-
mische Ziffer auf die Classe verwiesen, unter welcher
jedes unregelmäßige Zeitwort in der teutschen Sprachlehre umständlicher vorkommt. Endlich wird die Art,
wie Hauptwörter unter sich oder mit einem andern
Worte zusammen gesetzet werden, fast überall angezeiget, wo solche Zusammensetzungen in unserer
Muttersprache gangbar sind.

Uebrigens werden auch ganze besondere Redensarten mit angeführet. Bey einzelnen Wörtern wird
auch bemerket, ob sie allgemein oder nur in einzelnen
Provinzen gebräuchlich sind, und ob man sie in der
niedrigen Sprache des gemeinen Lebens gebrauche.
Die Verschiedenheit der Bedeutung ist meistens solchen Wörtern beygesetzet, welche zwar ähnlich lau-
ten, aber doch verschieden geschrieben werden. Hr.
Köl hat auch eine große Anzahl fremder im gemeinen
Leben sehr gangbarer Wörter in das Wörterbuch aufgenommen, und denselben meistens Erklärungen oder

ähnlich

ähnlich bedeutende Wörter aus unserer Mutterspra=
che beygefüget. Bey diesen Wörtern wird auch sehr
genau angezeiget, auf welche Sylbe der Ton liegen
müsse, und was sonst noch zur richtigen Aussprache die=
nen kann.

Dieses kleine Wörterbuch nun empfehlen wir
als ein Handwörterbuch allen denen, welche richtig
und rein ihre Muttersprache schreiben wollen. Es
wird freylich erst bey einer neuen Auflage vollkomme=
ner werden, aber bis jetzt kennen wir doch noch kein
besseres und vollständigeres. Wir wünschen nur,
daß der V. bey einer zweyten Auflage auch in diesem
kleinen Wörterbuche für Vorwort lieber Fügewort
setzen möge, weil er den letzteren Ausdruck für Prä=
position durchgehends in seiner Sprachlehre gebrau=
chet.

Augsburg.

Schöne Lebensgeschichte des guten und vernünftigen
Bauersmanns Wendelinus. Ein Lesebuch für
das Landvolk, von einem Landpfarrer. 1790. in
8vo 18 Bog. (36 Kr. rh.)

Gegenwärtiges Buch ist von einem sehr geschickten, =
den Bauernstand achtenden, und die Mitglieder des=
selben liebenden Pfarrer verfaßt. An Wendelin, des=
sen Geschichte er hier beschreibt, wollte er das Muster
eines rechtschaffenen, klugen, und verständigen, und

eben

eben darum glücklichen Bauersmannes liefern. Er
glaubte, wenn alle Bauersmänner so, wie Wende=
lin, dächten und handelten, so würde man in Bayern
wenig verschuldete Bauern sehen; die Kinderzucht
würde sich ausserordentlich verbessern u. s. w. mit ei=
nem Worte, das Land würde in ein Paradies umge=
schaffen werden. Der Verfasser versichert, daß sich
Alles, was er erzählt, wirklich zugetragen habe; nur
nicht alles an eben derselben Person, zu ebenderselben
Zeit, und an ebendemselben Ort. Im Ganzen ge=
nommen, sey die Erzählung ein Gedicht; aber stück=
weise betrachtet, sey sie wahre Geschichte, oder viel=
mehr aus mehrern Geschichten zusammengesetzt. Von
einem großen Theile der erzählten Begebenheiten sey er
Augenzeuge. Um desto merkwürdiger müssen sie dem
Leser seyn. Wendelins Geschichte ist im kurzen fol=
gende. In seiner Jugend hütete er in seinem Ge=
burtsdorfe, das bis dahin von fremden Hirten, denen
es die Viehweide anvertrauet hatte, unbeschreiblich
großen Schaden erlitten hatte, das Vieh mit dem
größten Nutzen des Dorfes. Seine Mutter stirbt.
Er erhält eine Stiefmutter, die an ihm und seinen
Geschwistrigen die Stelle einer wahren und durchaus
lobenswürdigen Mutter vertritt; lernt von ihr lesen
und schreiben. Liest gute Schriften. Lernt von sei=
nem Vater das Baumpelzen. Vortreffliche Regeln
über das Pelzen und Versetzen der Bäume. Wende=
lin wird von seinem Vater vor giftigen Kräutern,

E 3   und

und vor Hexenglauben gewarnet. Ein Geistlicher aus
dem Franziscaner = Orden überzeugt beyde, den Vater
und Sohn noch mehr dem Ungrunde des Hexenglau-
bens. Zeigt ihnen den Schaden des Gespensterglau-
bens. Der Pfarrer des Dorfes, dem man die Reden
des ranziscaners hinterbringt, gibt demselben seinen
Beyfall. Die Gemeinde wird wider den vorhin sehr
beliebten Pfarrer aufgebracht, weil er ein schädliches
Ungewitter nicht wegbenedicirte. Das Dorf hatte
bisher keine Schule; der Pfarrer stellet den Nachbarn
die Nothwendigkeit derselben vor: er ist bereit die
Kinder selbst zu unterrichten, nur verlangt er eine
Stube in einem der Gemeinde gehörigen Hause dazu. So sehr Vater Wendelin und 3 andere Männer
für die Errichtung der Schule sind, eben so sehr lärmen
die Andren alle dagegen. Klage beym Beamten. Zu-
rechtweisung der unruhigen Köpfe. Die Schule kommt
zu Stande. Wird mit einer merkwürdigen Predigt
eröffnet. Die Schulanstalten gedeihen. Das Dorf
erhält nach 6 Jahren einen vom Pfarrer gebildeten
Schullehrer: der Pfarrer behält sich die Oberaufsicht
vor. Im Dorfe werden verschiedene Mißbräuche ab-
geschafft, und gute Gebräuche dafür eingeführt. Der
junge Wendel geht mit Einwilligung seines Vaters
in ein fremdes Dorf, und wird bey einem Bauern
Knecht. Ermahnungen, die ihm der Vater mit auf
die Reise gibt. Wie sich Wendelin als Knecht verhält. Wie ehrlich und klug er sich verhielt, als sein

Herr

Herr krank werd. Pfarrer und Doctor geben den Leuten Regeln über die Krankenpflege. Der Doctor beschreibt den künstlichen Bau des menschlichen Körpers. Vorschriften des Doctors vom Krankenbesuch, Aderlaffen, Purgiren. — Wendelins gutes Wohlverhalten macht großes Auffehen im Dorfe, und in der ganzen Nachbarschaft. Er wird überall gerühmt. Ist gesparsam, und doch nicht geizig. Ihm wird eine, dem Scheine nach, sehr vortheilhafte Heirath angeboten. Marianne die Erbinn eines großen Bauernhofes, und einer Baarschaft von mehr als zwölftaufend Gulden, wohlgebildet, und in ihren besten Jahren thut alles mögliche, sein Jawort zu erhalten. Wendelin hört von einem seiner Freunde, daß sie gerne nasche, auf ihren Reichthum stolz sey, sich um die Arbeit ganz und gar nicht bekümmere, und — nimmt sie nicht. Der Vater freut sich über das kluge Benehmen seines Sohnes, gibt ihm und seinen Töchtern vortreffliche Regeln in Betreffe des Heirathsgeschäftes. Marianne gibt einem Andern die Hand, wird eine unglückliche Frau, und stirbt zeitlich vor Gram. Wendelins älteste Schwester verspricht sich mit Zuziehung ihres Vaters mit einem braven Jünglinge. Ihr Brautwagen macht ausserordentlich viel Auffehens. Der ganze Wagen war voller Kleidungsstücke, Leinwand, und Bettzeug: alles, auch das Hochzeitkleid hatte sie selbst gesponnen. Wendelins Heirath. Seine Hauswirthschaft. Sein Vermögen

E 4   nimmt

nimmt zu. Seine Frau wird von einem Kinde
glücklich entbunden. Vorschriften für Schwangere
und Kindsbetterinnen. Die mannigfaltigen Aber-
glauben beym Kindbette werden gerüget. Wendelins musterhafte Kinderzucht. Reinlichkeit im Haus-
wesen. Sein Betragen gegen die Dienstbothen.
Schilderung des braven Bauers Isidors. Wendelin
macht, daß die Gemeinde von einem kostspieligen
Processe abstehet, und sich mit dem Gegentheile vergleicht; mahnet seine Dorfgenossen, nicht in die Lot-
terie zu setzen; bekehrt seinen Schwager von der un-
seligen Spielsucht. Wendelins glückliche Familie.
— Dieß ist der Inhalt gegenwärtiger Schrift, die
gewiß Niemand ohne Vergnügen und Belehrung lesen
wird. Wir kennen mehrere fränkische Pfarrer und
Beamten, welche dieselbe in ihren Gegenden verbreitet haben. Wenn der Franke hört, daß man in
andern Ländern in Betreffe des Unterrichtes, der Erziehung, des Ackerbaues rc. die nämliche Sprache
führt, wie in Franken, so freut er sich, und glaubt
fest, er sey auf dem rechten Wege.

Nachrichten.

Den 12ten Junius im vorigen Jahre starb Hr.
Georg Philipp Vogel, von Wirzburg gebürtig,
in der Hochfürstlich-Wirzburgischen Stadt Volkach,
nachdem er dieser Stadt bis in das 52ste Jahr als
Pfarrer mit ausserordentlichem Ruhme vorgestanden
war

war, im 78ften Jahre seines Alters. Er vermachte
der dasigen Industrieschule zur Anschaffung der nöthigen Materialien ein Kapital von tausend Reichsthalern.

Den 15ten Januar 1791 starb Hr. Geistlicher
Rath und Kanonikus Wenzeslaus Strobel. Er
war mehrere Jahre hindurch ein vorzüglich thätiges
Mitglied der Hochfürstlichen Schulcommission, und
hatte Gelegenheit genug, sich von dem Nutzen der
Industrieschulen zu überzeugen. Er verordnete daher in seinem Testamente, daß von seinem hinterlas-
senen Vermögen eine zur Beförderung der Industrie-
schulen zu verwendende Summe von 2000 Gulden
besagter Commission sollten gereichet werden.

Auch eine kinderlose verwittibte Bäuerinn Namens Eva Endreßinn, Inwohnerinn des nahe bey
Schweinfurt gelegenen Dorfes Bergrheinfeld fand es
verdienstlich und rühmlich, eine Wohlthäterinn der
lernenden Jugend zu seyn. Zu 1725 fl. rh. an Geld,
und ihrem sämmtlichen bedeutenden Hausrathe setzte
sie ihre armen Freunde als Erben ein: einem dieser,
der zu Grafenrheinfeld wohnt, und ohne Verschul-
den so verarmt war, daß dessen Wohnhäuslein Schul-
den halber innerhalb wenigen Wochen von Amtswegen verkauft werden sollte, half sie noch bey Lebzei-
ten mit einer Schankung von einigen hundert Gulden, wodurch dieser mit seiner Familie vor dem gänz-
lichen Umsturze gerettet wurde. — 150 fl. rh. bestimmte sie als ein Legat zu völliger Herstellung einer Frey-

E 5   schule

schule zu Bergrheinfeld, als so viel es beyläufig noch
daran gebrach. — 150 fl. rh. als ein beständig ver-
zinnßliches Kapital, wovon die Zinnsen zur Klei-
dung armer Schulkinder oder zum Lehrgelde eines zu einem Handwerke übergehenden armen Kindes zu verwenden wären, worüber Pfarrer und Beamte gemein-
schaftlich beständig zu sorgen hätten. — Mit dieser
Willenserklärung starb die Erblasserinn im Monate
September 1790. Nach ihrer Beerdigung wurden
die zur Freyschule und Unterstützung armer angehen-
der Handwerks = Lehrjungen bestimmten 300 fl. rh.
von Amtswegen sogleich in dem Orte gegen dreyfa-
che Versicherung ausgeliehen, und das Bürgermeister-
Amt machte sich Namens der ganzen Gemeine als beständigen Selbstzähler und Garant in Rücksicht der Kapitals
und der jährlich fälligen Zinnsen zu Protokoll verbindlich.

In dem Hochstifte Wirzburg existiren jetzt 26 Mädchenschulen. Und zwar in der Residenzstadt — drey bey
den Ursuliner = Klosterfrauen, und eine vierte in der
Dompfarrey, zwey in der Petriner, zwey in der Hauger,
zwey in der Pleichacher Pfarrey, zwey in der Pfarrey zu
St. Burkard, nebst einer im Waisenhause. Auſſer der Residenzstadt — die zu Kitzingen gleichfalls bey den Ursu-
linerkloſterfrauen, die in den Landstädtchen Arnstein,
Dettelbach, Ebern, Grünsfeld, Iphofen, Karlstadt, Volkach, die in den Dörfern Großlangheim,
Euerdorf.

Hoch=

Hochfürstlich = Wirzburgische Verordnungen.

Die allgemeine Einführung der Mädchen= schulen betreffend.

Je größer der Nutzen war, welcher bey den, in der Fürstlichen Residenzstadt sowohl, als an mehrern Orten auf dem platten Lande, bereits errichteten Mäd= chenschulen bisher wahrgenommen wurde: je gerechter wurde der landesväterliche Wunsch Sr. Hochfürst= lichen Gnaden, diese wohlthätige Anstalt durch= gängig in Höchst Ihren Landen aufkommen zu sehen. Gleichwie nun Höchst Sie zu der aufgeklärten Denkungsart des größten Theils Ihrer geistlichen und weltlichen Vorsteher auf dem platten Lande das tröstliche Zutrauen hegen, daß sie von selbst den Nutz= en dieser Anstalt aus dem gehörigen Gesichtspuncte betrachten, sofort dieselbe mit patriotischem Eifer unterstützen werden: so möchte es überflüßig scheinen, hievon wiederholte Meldung zu thun. Weil aber je= doch die Errichtung der bereits bestehenden Mädchen= schulen zu mancher Beobachtung über den hie und da mißkannten Zweck derselben, die Hindernisse, welche sich oft der Erreichung des Zweckes entgegen setzten, und die Wahl der Lehrerinnen die Veranlassung gege= ben

ben hat, so bleiben diese Bemerkungen ben geistlichen
und weltlichen Vorstehern auf dem Lande hiemit un=
terhalten. Und zwar

Erstens: was den Zweck angeht, welcher bey Er=
richtung der Mädchenschulen erreicht werden soll, so
besteht derselbe

A) zu Vermeidung des mannigfältigen Unfugs,
welcher laut der Erfahrung aus dem Beysammen=
seyn der Kinder beyderley Geschlechts entsteht,

B) in einer der Bestimmung des weiblichen Ge=
schlechts angemessenern Erziehung.

Es braucht fürwahr keines Beweises, daß einer
Seits viele ärgerliche und der Sittlichkeit nachtheilige
Auftritte in den vermischten Schulen entstehen, wel=
che besonders den geistlichen Vorstehern schon zu ge=
nau bekannt sind, als daß es nöthig wäre, sie dahier
namentlich anzuführen: andrer Seits aber, daß die=
selben durch Trennung der Knaben = und Mädchenschu=
len verhütet werden können, zumahl da die Erfahrung
lehrte, daß an Orten, wo diese Trennung in Ausü=
bung gebracht worden ist, der ehedem beobachtete Un=
fug wirklich gehoben worden sey.

So edel und verdienstvoll nun die Erreichung
dieses Zweckes allein schon seyn würde: so wünschens=
werth ist die Erreichung des Andern; nämlich einer
der Bestimmung des weiblichen Geschlechts angemes=
senen Erziehung.

Die

Die Erziehung der Mädchen wurde bey der bisherigen Einrichtung entweder gänzlich, vernachläßigt,
oder doch nach den nämlichen Grundsätzen und der
nämlichen Methode betrieben, wie die Erziehung der
Knaben. Beydes war gleich = und gemeinschädlich:
das Eine, weil von der guten Erziehung und Bildung der Mädchen (sie mögen nun dereinst wirkliche
Hausmütter, oder nur Dienstmägde werden) die er=
ste Erziehung der Kinder beyderley Geschlechts und
der Wohlstand einzelner Familien großentheils ab=
hängt; das Andre, weil die Bestimmung des weiblichen Geschlechts von jener des männlichen sehr ver=
schieden ist, sofort auch die Erziehung in Grundsätzen
und Methode verschieden seyn muß.

Wenn nun durch die Errichtung eigener Mädchenschulen die Erziehung des weiblichen Geschlechts
einer Seits nicht vernachläßiget, andrer Seits aber
um so zweckmäßiger betrieben wird, als eine Lehrerinn die Bedürfnisse des weiblichen Geschlechts genauer einsehen, die demselben nothwendigen Kenntnisse an und für sich besser inne haben und beybringen,
und überhaupt schicklicher mit den Mädchen umgehen
kann; so muß dieselbe fürwahr sehr wünschenswerth
seyn.

Der Erreichung dieser beyden Zwecke setzten sich zwar
Zweitens bisher verschiedene Hindernisse entgegen; allein einige davon sind schon gehoben: andre
können leicht gehoben werden. Zu den Ersten gehört

hört das Vorurtheil der Neuheit, und der Irrwahn,
als wäre das weibliche Geschlecht zum Lehramte un-
fähig. Da die Errichtung der Mädchenschulen in da-
hiesigen Landen keine neue Anstalt mehr ist, so hebt
sich das Erste, zumahl, wenn die geistlichen und weltlichen Vorsteher ihre Untergebene durch Beyspiele
schon bestehender Mädchenschulen zu belehren suchen
wollen.

Der von der Unfähigkeit des weiblichen Geschlechts zu Lehramte hergenommene Einwurf aber ist
durch die Erfahrung gleichfalls widerlegt. Wichtiger
scheinen freylich die localen Hindernisse zu seyn,
welche bald von dem Mangel eines Fonds zur Unterhaltung der Lehrerinnen, bald aus dem Mangel eines zur Schule zu bestimmenden Zimmers hergenom-
men werden.

Allein den Mangel des Fonds betreffend, so
werden die Kinder weiblichen Geschlechts entweder
schon von einem sogenannten Cantor unterrichtet, oder
nicht. Im ersten Falle ist wenigstens, sobald sich eine Veränderung mit dem Cantor ergiebt, ein hin-
länglicher Fond vorhanden, da bey Aufstellung einer
Lehrerinn der Cantor um so entbehrlicher wird, als
für die Orgel und den Kirchendienst, deren Besor-
gung meistens den Cantorn obliegt, sich leicht eine
andere Einrichtung treffen läßt, und doch wenigstens
ein Theil der Cantorsbesoldung zur weiblichen Schule
wird verwendet werden können. In andern Ort-
en

en wird es auch nicht an Quellen gebrechen z. B. an einer oder der andern milden Stiftung, die zu einem so edeln Zwecke wohl einige Thaler wird entbehren können. Ist aber einmahl ein Fond vorhanden, so wird es eben so wenig an Zimmmern fehlen, die entweder in schon erbauten Schulhäusern eingerichtet, oder in andern Häusern zur Miethe genommen werden können. Indessen wird aller guter Erfolg von dem patriotischen Eifer der geistlichen und weltlichen Vorsteher abhangen, welche die Hindernisse um so eher zu beseitigen wissen werden, je genauer sie mit denselben bekannt seyn müssen.

Bey dieser Gelegenheit wollen aber Seine Hochfürstliche Gnaden keineswegs, daß diese Sache gewaltsam angegriffen, oder den Gemeinden eine neue ihre Kräfte übersteigende Auflage angesonnen werden soll, sondern fodern Höchst Ihre aufgestellte Vorsteher nur auf, durch gütliche Vorstellungen da, wo es thunlich ist, die Errichtung der Mädchenschulen zu erwirken. Gleichwie es aber

Drittens hiebey vorzüglich auf gute zum Lehramte geeigenschaftete Subjecte ankommt: so wollen Seine Hochfürstliche Gnaden hiemit Höchst Ihren Pfarrern und Beamten unverhalten, daß dieselben nicht aus der Stadt, sondern vielmehr solche genommen werden mögen, die auf dem Lande
                                        gebohren

gebohren und erzogen sind: weil einer Seits die
Letztern mit der Landjugend beſſer bekannt ſind: an-
drer Seits aber, wenn man die Subjecte aus der
Stadt wählen würde, zu befürchten ſtünde, daß der
Luxus, den ſolche Lehrerinnen aus der Stadt mit-
brächten, auch auf dem Lande verbreitet würde.

Nach dieſer der Sachen Lage erwarten Seine
Hochfürſtliche Gnaden von Höchſt Ihren
treuen Pfarrern und Beamten,

1) daß ſie die oberwähnten edeln Zwecke bey Errichtung der Mädchenſchulen zu erreichen, und die
etwaigen Hinderniſſe, ſo weit möglich, zu beſeitigen
ſuchen werden, ſofort, ob und in wie ferne die Errichtung der Mädchenſchulen thunlich ſey, vorzüglich
aber in dem Falle gutachtlichen Bericht erſtatten,
wenn eine Cantorsſtelle erlediget wird: wie nämlich
ſtatt des Cantors eine Lehrerinn aufgeſtellt werden
könne.

2) Befehlen Seine Hochfürſtliche Gnaden den Pfarrern und Beamten hiemit gnädigſt:
Falls ſie in ihren Pfarr - und Amtsbezirken weibliche
zum Lehramte taugliche Subjecte auffinden ſollten,
denſelben nicht nur die gnädigſte Willensmeynung
Seiner Hochfürſtlichen Gnaden bekannt zu
machen, ſondern auch an die gnädigſt - verordnete
Schulcommiſſion über das Alter, die Sitten, Geſchicklichkeit, Fähigkeit und Vermögens - Umſtän-
de derſelben in der Abſicht Bericht zu erſtatten, damit

mit dieſelben in einer wohl eingerichteten Mädchen-
ſchule dahier, oder zur Verminderung der Koſten in
einer ſolchen, die ſchon auf dem Lande beſteht, befä-
higet und ausgebildet werden können. Wirzburg den
23. October 1790.

Aus Specialbefehle Seiner Hochfürſtlichen Gnaden.

Hochfürſtl gnädigſt angeordnete
Schulcommiſſion.

Die Vertheilung des Beckerſchen Noth-
und Hülfbüchleins betreffend.

Wir ließen im Jahre 1787 das ſehr vortheilhaft
bekannte Werkchen: — Johann Chriſtoph Bernards
Vorſchläge zu einer wirthſchaftlichen Polizey der Dörf-
er — für die Landleute in Unſeren Fürſtlich-Wirzburgiſchen Landen unentgeldlich vertheilen, wozu
Uns — wie es auch in dem an Unſere ſämtlichen Beamten dort ergangenen Circulare angeführet iſt — die
in allgemeiner Erfahrung gegründete Bemerkung veranlaßt hatte: daß ſich Vieles in mehreren Gegenſtänd-
en der Polizey und guten Wirthſchaft nicht bloß durch
Geſetze verbeſſeren laſſe, und daß ins beſondere bey
der Landwirthſchaft Aufklärung, Belehrung, Beobachtung und Ueberzeugung erſt vorausgehen müſſe,
ehe man ſich eine dauerhafte Wirkung von Verordnungen verſprechen könne.

Dieſe von vielen thätigen Beamten unterſtützte
Abſicht blieb nicht unerreichet, und Wir haben mit
Vergnügen erfahren, wie manches tief eingewurzelte
Vorurtheil ſich aufzuhellen beginne, und der allge-
meine Wohlſtand dadurch einen Schwung zu einem
höheren Grade erhalten habe.

Allein die wirthſchaftliche Polizey ganzer Gemeind-
en — worauf ſich Bernard in dem angeführten Werkchen

F

chen eingeschränket hat — ist nicht allein der Gegenstand einer Verbesserung. Der Landmann darf nicht
nur als Gemeindsglied, er muß auch als eigener
Wirthschafter, als Vater, Mitglied einer bürgerlich-
en Gesellschaft, Vorsteher einer Familie und Nachbar
betrachtet werden: er hat Feldbau und Viehezucht:
muß seine Kinder erziehen: soll für die Nahrung der
Seinigen sorgen: muß seinem nothleidenden Mitmenschen Hülfe leisten: hat selbst Unglücksfälle zu ge-
wärtigen: wird krank: hat Pflichten gegen seinen
Nachbar, und dergleichen mehr. — Allenthalben
giebt es auch da noch manche Lücken und Vorurtheile,
wo Verordnungen gleichfalls nicht Alles leiten könn-
en, und es — wenn sie auch je allgemein befolget
würden — doch meistentheils an dem guten Willen
fehlet, mit welchem jede Verbesserung angegangen
werden muß, wenn sie pünctlich, dauerhaft und ge-
deihlich seyn soll.

Mancher klebt unveränderlich und mit Sorgfalt
bloß darum an dem Alten, weil er wähnt: jede Neuerung, ohne Ausnahme, sey schädlich, und Nichts
könne gut seyn, als nur das, was auch seine Väter
beobachtet haben. — Auch hier kann also nur eine
angemessene Aufklärung die gehoffte Wirkung haben,
welche die Folgen solcher Vorurtheile darstellet, die
Wege zur Verbesserung zeiget, und von dem daraus
entstehenden Nutzen vor der Hand Belehrung giebt.
Hierzu scheint Uns das vom Rathe Becker in Gotha
verfaßte Noth- und Hülfsbüchlein am dienlichsten zu
seyn. Es steht bereits in entschiedenem Werthe: ist
in einem der Fassungskraft des Landmannes angemessenen Tone geschrieben: kann den katholischen Les-
ern — da dasjenige, was dem Landmanne noch hätte
anstößig seyn oder scheinen können, von einer besond-
eren Censur unter Unserer Aufsicht verbessert worden
ist — unbedenklich in die Hände gegeben werden:
und entspricht überhaupt aller Erwartung.

Wir wollen daher dieses Werkchen unter Unsere
getreuen Unterthanen auf dem Lande Unsers Hoch-
stiftes

stiftes Wirzburg unentgeldlich, und in der Art vertheilen laſſen:

1) Hat jeder Beamte von den ihm zugehenden
Exemplaren Eines für das Amt zu behalten, und
daſſelbe auf herrſchaftliche Koſten binden zu laſſen.
2) Iſt jeglichem Schullehrer zum Gebrauche für die
Schule, und dann 3) jedem Dorfsſchuldheißen für
die Gemeinde ein Exemplar zu übergeben. 4) Sollte aber ein Schuldheiß in irgend einem Orte nicht
Kopf oder gutes Herz genug haben, um davon den
erwarteten Gebrauch zu machen, ſo iſt das Buch einem andern tüchtigen, gutdenkenden und das Zutrau-
en der Nachbarn beſitzenden Manne aus der Gemeinde
zu übergeben, welches dem Ermeſſen des Beamten
anheimgeſtellet wird. 5) In keinem Falle aber wird
das Buch ein Privateigenthum deſſen, der es in
Handen hat; ſondern jenes des Schullehrers gehört
der Schule, und iſt von ihm in dem Schul-Inven-
tarium zu führen und bieſes des Schuldvelßen muß
als ein Gemeindseigenthum von ihm, oder dem ſtatt
ſeiner auserſehenen Gemeindsmanne nur aufbewahr-
et, gleichwohl jedem aus der Gemeinde, der es zum
Leſen verlangt, auf eine gewiſſe, aber nicht gar zu
lange Zeit abgegeben werden. Endlich 6) ſind alle
dieſe Exemplare auf Koſten der Gemeinden zu binden.

Wir wünſchen, daß Unſere getreuen Unterthan-
en die Abſichten, die Wir bey Vertheilung dieſes
Werkchens haben, nicht verkennen, ſondern in Ge-
mäßheit derſelben ganz den Nutzen ſchöpfen, den Wir
ihnen ſo gerne gönnen, und der ein Gegenſtand einer
Unſerer vorzüglichſten Sorgen iſt.

Auch vertrauen Wir mit allem Grunde auf Unſere Beamten, daß ſie mit eben der Freude, Unver-
droſſenheit und Eifer auch hier zum Wohlſtande der
Unterthanen beytragen werden, womit ſie ſich größt-
entheils in anderen ähnlichen Gelegenheiten, zu Unſ-
erem Wohlgefallen, bereits ausgezeichnet haben.
Gegeben unter Unſerer eigenen Handunterſchrift,

F 2   und

und beygedrucktem Wirzburgischen geheimen Kanzel-
ley-Siegel. Bamberg am 23ſten Januar 1791.

Franz Ludwig, B u. F.
zuB.u.W.Hz zu Fr. ꝛc.

Kurze Lebensbeſchreibung des Herrn Michael Luz, ehemaligen Directors des Hochf. Wirzb. Schullehrer-Seminariums.

Er ward gebohren im Jahre 1753, in dem zur
Fürſtlich-Wirzburgiſchen Pfarrey Ebenhauſen gehörigen Dorfe Poppenhauſen. Seine Aeltern war-
en wohlbemittelte Bauersleute. Im Jahre 1764 wid-
mete er ſich an dem hieſigen Gymnaſium den Studien. Als Student verrieth er nur mittelmäßige
Fähigkeiten; war aber fleißig, wohlgeſittet, und bey
ſeinen Lehrern und Mitſchülern beliebt. Nachdem er
den erſten Curſus ſeiner theologiſchen Studien ge-
endet hatte, ward er im Jahre 1772 in das hochfürſtliche Geiſtlichen-Seminarium aufgenommen.
Binnen der vier Jahre, die er in demſelben zu-
brachte, bildete er ſich zu einem vorzüglich guten
Prediger; weßwegen er auch, ſobald er im Jahre
1776 die Prieſterweihe erhalten hatte, als Präſes der
hieſigen Junggeſellenſodalität angeſtellet ward. Die
gründlichen und körnichten Reden, die er auf dieſem
Poſten hielt, verbunden mit ſeinem biedern, offenen,
gefälligen und muntern Betragen erwarben ihm allgemeine Liebe und unbegränztes Zutrauen bey den
Mitgliedern der Sodalität, ſo daß er im Stande
war, manche Einrichtung zu treffen die ein Anderer
nicht wohl hätte treffen k̈nnen. Von dieſer Stelle
ward er im Jahre 1778 zu einer wichtigern, zu der mit
der hieſigen Pfarrey zu St Peter verbundenen Ca-
planey berufen Er entſprach vollkommen der Erwartung, die man von ihm hatte Raſtloſe Thätigkeit, edle Freymüthigkeit, ſtrenge Uneigennüzigkeit,

in

in großmüthige Handlungen übergehendes Mitleid
gegen die Armen waren die Tugenden, welche alle
Pfarrgenoßen an ihm rühmten. Die Meßlieder, wel=
che damahls in die meisten Landpfarreyen eingeführt
waren, wußte er auch in diese Stadtpfarrey einzu=
führen, ohne daß ein Lärm darüber entstand. Zu den
in der Pfarrey gewöhnlichen Processionen ließ er neue
Liedercomponiren, die er, auf eigene Kosten gedrucket
und gebunden, als Belohnungen des Fleißes unter
die Schuljugend austheilte. Anstand, Ordnung und
Auferbäulichkeit beym öffentlichen Gottesdienste war
ihm eine wahre Herzensangelegenheit. Seine größte
Aufmerksamkeit richtete er, wie billig, auf die Be=
lehrung und Erziehung der Jugend. So gut auch
die Petriner und andere Pfarreyen der Residenzstadt
damahls bestellet waren, so existirten doch noch keine
Schulen darinn, die man im strengen Verstande
Mädchenschulen hätte nennen können. Der Mäd=
chen kleinster Theil ließ sich von den Ursuliner=Klost=
erfrauen unterrichten, der größte blieb zu Hause,
ununterrichtet. Dieser Mangel konnte dem allum=
fassenden Auge unseres Fürsten Franz Ludwig un=
möglich entgehen. Höchstdieselben machten da=
her im Jahre 1780 dem geistlichen Rathe und Pro=
fessor Oberthür, der damahls das Directorium üb=
er die sämtlichen Stadtschulen führte, den Auftrag,
mit Zuziehung der seelsorgenden Geistlichkeit förm=
liche Mädchenschulen zu errichten. Professor Ober=
thür fand an Luz so ganz den Mann, der zur Errich=
tung eines so wohlthätigen Instituts mitarbeiten
konnte und wollte.

Um die Aeltern für dasselbe zu gewinnen, gieng
Luz von Hause zu Hause, unterrichtete sie von dem
Zwecke und Nutzen desselben, bestritt ihre Vorurthei=
le dagegen, zeigte ihnen die Bücher, die zum Unter=
richte sollten gebraucht werden, und gieng nicht vom
Platze, bis sie ihm versprachen, ihre Töchter in die
projectirten Schulen zu schicken. Die Namen der ver=
sprochenen Töchter zeichnete er sogleich auf. Hr.

F 3   Tetsch

Tetſch, ein würdiger Zögling des Hrn. David Göz (damahligen Directors des hieſigen Schullehrer = Se= minariums, nunmehrigen Pfarrers zu Bergtheim) gab indeß den Talenten = und Tugendvollen Demoiſel= les Franziſca Steinruckinn, *) Cunegunda Rott= männinn, die man zu den erſten Lehrerinnen auser= ſehen hatte, Unterricht über alle die Gegenſtände, wel= che in den Mädchenſchulen ſollten behandelt werden. Luz wohnte dem Unterrichte bey, und wiederholte denſelben. Die Lehrerinnen waren vorbereitet, das Haus war gemiethet, und mit der nun im ganzen Hochſtifte als vortheilhaft anerkannten und eingeführ= ten Art von Stühlen verſehen, und die conſcribirten Mädchen erſchienen. Den Religionsunterricht gab Anfangs Luz ſelbſt. Die neuen Mädchenſchulen waren — natürlich — das Stadtgeſpräch; die ein Theil des Publikums lobte, der andere tadelte Es fehlte nicht an Männern, die gerade zu läugneten, daß Sie auf Befehl des Fürſten errichtet wären, die die Ael= tern dagegen aufzubringen ſuchten, die ſogar in dem zum Unterrichte gewählten Leſebuch theils lächerliche, theils anſtößige Sätze wollten gefunden haben. Al= lein die Standhaftigkeit der Vorſteher und der Leh= rerinnen, ſiegte über alle dieſe — ihnen nicht uner= wartete — Widerſprüche. Kaum war ein halbes Jahr vorüber, ſo widerlegte die Geſchicklichkeit der Schul= lehrerinnen alles das, was unverſtändige Männer und Weiber wider die neue Lehranſtalt geſprochen hat= ten. Die Aeltern bekannten laut: Unſere Töchter wiſſen mehr, als wir. Und die Widerſprecher — verſtummten Im Jahre 1782, in welchem die hie= ſige Univerſität ihr zweytes Jubeljahr feyerte, hatten die Mädchenſchulen die Ehre, von mehrern in = und ausländiſchen, katholiſchen und proteſtantiſchen Ge= lehrten beſucht zu werden. Alles ward vortrefflich befunden; nur bedauerte man, daß die Zimmer für
eine

---

*) Dieſe legte die Stelle, nachdem ſie dieſelbe volle 10 Jahre ruhmvoll begleitet, und während denſelbe über 300 Mädchen unterrichtet und gebildet hatte, mit An= fange des gegenwärtigen Schuljahres nieder.

eine so zahlreiche Jugend zu enge wären. Se. Hochfürstlichen Gnaden kamen selbst, und überzeugten Sich
durch eigene Erfahrung von der Wahrheit der vor-
theilhaften Berichte, welche an Höchstdieselben von
dem guten Zustande besagter Lehranstalt abgestattet
waren. Ueber die Proben, welche die Schülerinnen
ablegten, innigst gerührt, bezeugten Höchstdieselben in
den gnädigsten Ausdrücken allen Theilhabern an derselben Ihren Wohlgefallen, und dankten denselben;
machten jeder Lehrerinn ein Geschenke, und gaben den
Befehl, in dem dem Fürstlichen Münzamte gewidmeten
Baue geräumigere Schulzimmer unverzüglich zuzube-
reiten. Im folgenden Jahre besuchten Se. Hochfürstlichen Gnaden die Petriner Mädchenschulen zweymahl,
und zwar das zweytemahl in Gesellschaft Ihrer beyden
Hrn. Brüder Sr. Churfürstlichen Gnaden zu Maynz,
und Sr Excellenz des kaiserlichen geheimen Raths und
maynzischen Obristhofmeisters von Erthal. Damahls
war die Stelle des Directors des Schullehrer-Semina-
riums leer. Nachdem Se. Hochfürstlichen Gnaden Höchst-
ihre Zufriedenheit bezeuget, und jede Lehrerinn be-
schenket hatten, wandten Sich Höchstdieselben zum
Kaplan Luz, und sagten: Zur Belohnung der
Verdienste, die Sie um diese Schulen haben, mache ich Sie zum Director. Ich weiß nicht, antwortete Luz, wofür ich Eurer Hochfürstlichen
Gnaden mehr danken solle, ob für die Stelle selbst,
oder für die Art, mit der Höchstdieselben sie mir
gaben. — — Als Director machte er im ersten
Jahre ganz allein ohne Beyhilfe eines sogenannten
Exercitienmeisters die Candidaten des Seminariums
mit allen ihnen nöthigen Kenntnissen bekannt. Wie
strenge er auch über Ordnung und gute Sitten hielt,
so ward er doch von allen Candidaten ohne Ausnahme geliebt: denn sie wußten, aus welchem Herzen
seine obgleich harten Verweise kamen. Weltgeistli-
chen, die Geschäfte halber in die Stadt gekommen
waren, und hn besuchten, both er mit Vergnügen
Logis und Tisch an. Schon im letzten Viertel des
zweyten Jahres seines Directoramtes fühlte er an sei-

F 4 nem

nem fast riesenmäßigen Körper die traurigen Folgen, welche das sitzende Leben gewöhnlich nach sich zieht, und wie sehr auch von seinen Freunden in ihn gedrungen ward, so konnte er sich doch nicht entschließen, seine Thätigkeit zu mäßigen, und Arzneymittel zu gebrauchen Den 2ten September 1785 wohnte er frühe der offentlichen Prämienaustheilung für die Mädchenschulen zu St. Peter und Nachmittags der Prämienaustheilung für die Mädchenschulen zu St. Burkard bey; und machte darauf eine Visite von Amtswegen. Im Rückwege von dieser Visite ward er von den heftigsten Schmerzen einer Entzündungskolik überfallen. Er hielt sie für sichere Vorbothen des Todes; ließ ungesäumt seinen Beichtvater rufen, empfieng die den Sterbenden verordneten Sacramente, machte sein Testament, in dem er seine vom Schulwesen handelnde Bücher dem Schullehrer-Seminarium schenkte, und überließ sich übrigens den Aerzten. Anfangs klagte er sehr über Schmerzen. Als er darauf zu klagen aufhörte, und gefragt wurde, ob die Schmerzen nachließen, antwortete er: Sie lassen eben nicht nach. Aber meine Pflicht ist, zu leiden und zu schweigen. Alle Arzneymittel, die dem Kranken verordnet wurden, waren vergebens: er sah den Tod vor Augen, und gieng ihm in der Blüthe seines Alters mit wahrem Heldenmuthe entgegen. Das Resultat des über ihn gehaltenen medicinischen Conciliums, das er durchaus wissen wollte: er habe nur noch vier Stunden zu leben, hörte er mit einer Gelassenheit an, die alle Anwesenden in Erstaunen setzte. Alle, die ihn während seiner Krankheit zu besuchen verlangten, ließ er vor; und bath sie im Falle, daß er sie unwissend beleidigt hätte, um Vergebung. Einige Personen, die er durch seine Freymüthigkeit beleidigt zu haben glaubte, ließ er durch Bothen um Vergebung bitten. Seine Freunde tröstete er über seinen Verlust. Am Ende der zwey und zwanzigsten Stunde seiner Leiden, der vierten nach den gehaltenen medicinischen Concilium gab er voll des kindlichen Zutrauens zu

Gott,

Gott, und voll der Erwartung eines beſſern Lebens ſeinen Geiſt auf, geſegnet und beweinet von allen, die ihn kannten.

Pr. Feder.

Lieder.

Freuden der Arbeitſamkeit.

Munter.

Laßt An bre nur im Müſſ ig

gang die Ju = gend zeit ver le=ben Von

mir ſey fern mich je dem Hang zum Nichtsthun

zu er = ge = ben. Nur Ar beit,

Fleiß und Thä tig = keit ge wäh ren

mir Zu = frie den beit, ge wäh ren

mir Zu frie den beit.

Laut ruft zur Arbeit die Natur;
　　Ich sollte sie nicht hören?
Scheint doch die kleinste Creatur
　　Selbst, ihren Ruf zu ehren!
Nein, meine ganze Jugendzeit
Sey ohne Rast dem Fleiß geweiht.

Nie ist mir doch so wohl im Sinn,
　　Nie süßer meine Ruhe,
Als wenn ich rastlos emsig bin,
　　Und, was mir obliegt, thue!
Drum sey auch meine Jugendzeit
Der Arbeit und dem Fleiß' geweiht.

Mich foltert Langeweile nie,
　　Nicht in den längsten Tagen;
Ich kenne die Melancholie
　　Allein vom Hörensagen!
Dieß dank ich dir, o Thätigkeit!
Dir sey mein Leben stäts geweiht.

Verachtung trifft den Müßiggang,
　　Verachtung, wer ihm fröhnet;
Mit Ehre wird, wer ohne Zwang
　　Die Arbeit liebt, bekrönet.
Drum weih' ich meine Jugendzeit
Dem Fleiß, und reger Thätigkeit.

Wer Arbeit liebt, der findet Brod
　　Und Unterhalt auf Erden;
Wer Arbeit flieht, hat manche Noth
　　Zum lästigen Gefährten!
Drum weih' ich meine Jugendzeit
Dem Fleiß' und reger Thätigkeit.

Laßt Andre nur im Müßiggang
   Die Jugengendzeit verleben!
Von mir sey fern, mich je dem Hang
   Zum Nichtsthun zu ergeten!
Nur Arbeit, Fleiß und Thätigkeit,
Gewähren mir Zufriedenheit

Wach' und Bethe.

Choralmäßig.

Sey   wachsam Christ auf dei = ne
Kaum merklich sind die er = sten

Schritte groß ist die Macht der Sinnlich-
Tritte zum nah en Fall! drum sey be-

keit dein eig = nes Herz ist oft der

reit

Feind der es am schlimm sten mit dir

meynt.

Mach' dich schon in der frühsten Jugend
   Mit deinen Neigungen bekannt!
Bau' nie zu viel auf deine Tugend;
   Denn plötzlich fällt, wer erst noch stand.
Die Sicherheit stürzt in Gefahr
Zu spät nimmst du dein Elend wahr!

                       Ver-

Verführer werden sich vereinen,
　　Dich in des Lasters Netz zu zieh'n!
Ihr Thun wird dir oft löblich scheinen;
　　Ihr Häuchlerton reißt dich dahin!
O widersteh — noch ist es Zeit —
Den Lockungen durch Wachsamkeit.

Bist du zu schwach zum Widerstehen,
　　So wende dich zu deinem Gott!
Er hört so willig unser Flehen,
　　Und sendet Hilfe in der Noth.
Wenn es das Herz nur redlich meynt,
So ist er stäts der treuste Freund!

Durch Bethen such' dein Herz zu stärken!
　　Ein frommes, kindliches Gebeth
Ist's, was dich spornt zu edeln Werken,
　　Was deinen Muth im Streit erhöht!
Im Augenblick' der Leidenschaft
Empfind'st du des Gebethes Kraft.

Laß, so gefaßt, die Stunde schlagen,
　　Zur Prüfung die bestimmt vom Herrn!
Wirst du den Kampf nun muthig wagen,
　　Dann ist der Sieg von dir nicht fern!
Am Ziele harret deiner schon
Der ehrenvollste Siegeslohn.

Subscribenten-Verzeichniß.

Hr. Anton, Pfarrer in Weiber.

Bachmann, Pfarrer in Thüngersheim.

Back, Cooperator in Kißingen.

Bader, Stadtschuldheiß in Königshofen.

Bauerschubert, Alumnus im Seminario dahier.

Baus, Handelsmann in Gemünden.

Behr, Pfarrer in Bergrheinfeld.

Behr, Alumnus im Seminario dahier.

Bereth, Pfarrer zu Steinbach.

Bertwein, Handelsmann in Kißingen.

Blaß, Pfarrer in Stetten.

Blaß, Professor in Wirzburg.

Bohlig, Alumnus im Seminario dahier.

Breitenbach, Pfarrer in Himmelstadt.

Breunig, Schullehrer zu Oestringen.

Brunner, Pfarrer in Tiefenbach.

Bruß, Schullehrer in Rothenfels.

Burkard, Candidat der Rechte.

Cludius, Pfarrer in Rengershausen.

Daus, Pfarrer in Proselsheim.

Thaddäus Dereser, Professor in Bonn.

Deubel, geistlicher Rath in Bruchsal.

Dietmaier, Pfarrer in Königshofen.

Van Düren, Buchhändler in Frankfurt.

Dumbeck, Schullehrer in Mingolsheim.

Jungfer Theresia Ebertinn, in dem jungfräulichen Kloster ad St. Crucem in Erfurt Schullehrerinn.

Herr von Eckart, Amtsverweser in Aub.

Herr Eger, Kaplan in Trunnstadt.

Ehlen, Kaplan in Kitzingen.

Eichenberg, Buchhändler in Frankfurt.

Endres, Schullehrer in Groß-Langheim.

Engelhard, Kaplan in Mergentheim.

Freyherr Ludwig von Enzberg, Direktor des Kantons Hegeu und Allgeu am Bodensee.

Erbacher, Kaplan in Volkach.

Erhard, Kaplan in Grünsfeld.

Eschenbach, Cantor in Mergentheim.

Eyrich, Alumnus im Seminario dahier.

Se. Hochwürden und Gnaden Hr. Joseph Andreas Fahrmann, Weyhbischof zu Wirtzburg.

Se. Excellenz Freyherr von Fechenbach, k. k. geheimer Rath, und Domdechant zu Mainz.

Herr Feder, Kaplan in Hardheim.

Feuerer, Alumnus im Seminario dahier.

Fischer, in Marktbreit.

Fischer, Bettendorfischer Verwalter in Giffigheim.

Fischer, Kaplan in Volkach.

Fischer, Candidat der Rhetorik.

Fleischmann, Pfarrer in Hopferstadt.

Fleischütz, geistlicher Rath in Bruchsal.

Franz, Juris Practicus.

Freyschlag, Alumnus im Seminario dahier.

Fries, Alumnus im Seminario dahier.

Fritz, Pfarrer in Prölsdorff.

Fritz, Kaplan in Hofheim.

Füll, Alumnus im Seminario dahier.

Gander, Schullehrer zu Zeitern.

Ganzhorn, Amtsvogt in Bergrheinfeld.

Se. Excellenz Freyherr Franz Philipp von Gebsattel, Obermarschall dahier.

Freyherr Lothar Anselm von Gebsattel, Domherr dahier.

Herr Geiger, Präceptor in Gundelsheim.

Gemeinde zu Prölsdorff.

Gemeinde zu Untersteinbach.

Abtey Gerlachsheim.

Gernert, Professor zu Erfurt.

Gerstenberger, Dechant und Pfarrer in Hardtheim.

Geuß, Kaplan in Mürsbach.

Grad, Pfarrer in Eßleben.

Graser, Cooperator in Schlüsselfeld.

Grattenauer, Buchhändler in Nürnberg.

Greb, Kaplan in Neustadt.

Grebner, Alumnus im Seminario zu Mergentheim.

Greß, Schullehrer zu Rienneck.

Gütlein, Cooperator zu Gramschatz.

Gutbrod, Pfarrer zu Rothendorf.

Haas, Buchhändler in Cölln.

Habermann, Pfarrer in Untersteinbach.

Häuslein, Kaplan in Hardheim.

Hagmann, Schullehrer zu Kronau.

Hammerschmidt, Rathsburger in Lauda.

Happel, Lehrer an der katholischen Realschule zu
    Frankfurt.

Hartmann, Pfarrer zu Malsch.

Heeger, Präfect im adelichen Seminario dahier.

Hein, Pfarrer in Marktbibart.

Hein, Schulrector zu Saal.

Heisse, Pfarrer ad St. Crucem in Erfurt.

Hellmerich, Schullehrer in Thüngersheim.

Henninger, Cooperator in Elfershausen.

Hensler, Hofkammerrath und Spitalverwalter in Aub.

Hergenröder, der b. Schrift Doctor, der teutschen Schu-
    len Director und Pfarr ad omnes Sanctos in Erfurt.

Herger, Pfarrer zu Langenbrucken.

Herrmann, Amtsschreiber zu Prölsdorf.

von Heß, Hofrath dahier.

Hillenbrand, Schullehrer zu Roth.

Hofmann, Pfarrer zu Stettfeld.

Hofmann, Pfarrer zu Zeuzleben.

Hofmann, Domvicar dahier.

Hofmann, Kaplan zu St. Peter dahier.

Hofmann, Alumnus im Seminario dahier.

Holler, Schuldirector und Kanonikus dahier.

Holzheimer, Schullehrer zu Eckardshausen.

Herr Hornmann, Schullehrer zu Herbſtſtadt.

Hubert, Pfarrer in Kiſſingen.

Huhn, Alumnus im Seminario dahier.

Hummel, Alumnus im Seminario dahier.

Jäger, Alumnus im Seminario dahier.

Jennes, Kaplan in Eybhauſen.

Jung, Cooperator in Dingolshauſen.

Jung, Schullehrer zu St. Leon.

Käsmacher in Gülich.

Kardon, Schullehrer zu Langenbrücken.

Kaſt, Pfarrer in Volkach.

Keller, Schullehrer in Dürrbach.

Keller, Schullehrer im Neumünſter dahier.

Kerkinger, Hofmeiſter bey Herrn Grafen von Ro-
tenhan in Bamberg.

Kinzinger, Kaufmann dahier.

Kirſtädter, Cooperator in Mulfingen.

Kleinſchrod, Hofrath und Profeſſor dahier.

Klinger, Licentiat in Kitzingen.

Klöpfel, Pfarrer in Eibhauſen.

Koch, Pfarrer zu Obereſſfeld.

Köl.

König, Pfarrer in Heydingsfeld.

König, Amtskeller in Prölsdorf.

Kolb, Pfarrer in Biebelried.

Kolb, Pfarrer in Dippach.

Kraus, Schullehrer zu Theilheim.

Kraus, Candidat im Schulſeminario dahier.

Krengel, Kaplan in Obernetzphen.

Krizner, Kaplan in Markſcheinfeld.

Kuchenbrod, Alumnus im Seminario dahier.

Kuchenbrod, Waiſenhaus-Inſpektor dahier.

Kuchenmeiſter, Schuldheiß zu Dürrbach.

Küttenbaum, Pfarrer in Kleinrinderfeld.

Kuns, Kaplan in Obernetzphen.

Lambert, Schullehrer zu Nordheim.

P. Landulph, Kapuziner, Paſtor in Bacharach.

Herr Langen, Hofrath und Hofkammerrath dahier.

Langmantl, Pfarrer in Darſtadt.

Herr Lenz, Lehrer des Schnepfenthaler-Instituts in Gotha.
Ley, Pfarrer in Schönbrunn.
Leymeister, Pfarrer zu Geiffelwindheim.
Lieber, Juris Candidatus aus Oettingen.
Freyherr von Lochner, Oberamtmann zu Homburg.
Löes, Professor in Bruchsal.
Loscand, Pfarrer in Euerndorf.
Ludwig, Pfarrer zu Hausen.
Ludwig, Alumnus im Seminario dahier.
Lurz, Hofrath und Hofkammerrath dahier.
Lurz, Hofrath dahier.
Macklot, Buchhändler in Carlsruhe.
Mahlmeister, Pfarrer in Limbach.
Maier, Schullehrer in Unterpleichfeld.
Manger, Pfarrer in Oberschwarzach.
Marr, Schullehrer in Burkardroth.
Mauder, Schullehrer zu Opferbaum.
Mauer, Alumnus im Seminario dahier.
Mayer, Alumnus im Seminario dahier.
Mayer, Schulrector in Haßfurt.
Meinzinger, Cooperator in Burkardroth.
Mertloch, Hofkammerrath dahier.
Metz, Cooperator in Baftheim.
Möller, Pfarrer in Untereßfeld.
Mühlfeld, Professor in Erfurt.
Müller, Professor in Erfurt.
Müller, Schulrector in der Hofpfarrey zu Bruchsal.
Muth, Pfarrer zu Zeitern.
Neuberger, Pfarrer in Neubenau.
Neubert, Schullehrer zu Kronungen.
Neubert, Candidat im Schulseminario dahier.
Neumann, Dechant im Stift-Neumünster dahier.
Nicola, Pfarrer in Bütthard.
Niebeth, Pfarrer in Markscheinfeld.
Niebeth, Kaufmann in Marktbreit.
Onymus, geiftlicher Rath dahier.
P. Johann Baptift Ortloff, Subprior im Augustiner-
     Kloster zu Memmingen.
Or, Gerichtsschreiber zu Oedheim.
Orenbecher, Pfarrer zu Rauenberg.

Herr Peters, Coöperator in Urspringen.

Gebrüder Pfähler in Heidelberg.

Pfeifer, Kaplan in Lauda.

Pfister, Pfarrer in Tiefenstockheim.

Pörtner, Schullehrer zu Waldaschach.

Popp, Alumnus im Seminario dahier.

Prechtlein, Pastor in Sommerhausen.

Professores Ord. Sancti Francisci in Hammelburg.

Raps, Ord. Sancti Francisci.

Reinfeld, Kaplan zu Neustadt an der Haard.

Reuß, Juris Licentiatus in Karlstadt.

Reismann, Frühmesser in Kitzingen.

Rhein, Pfarrer in Stadtschwarzach.

Rhodius, des hohen deutschen Ordens Alumnus, und
Pfarrer zu Nordhausen im Rieß.

Riegel, Pfarrer in Tauberrettersheim.

Riegel, Schullehrer zu Kirlach.

Rieß, Pfarrer in Mingolsheim.

Ringelmann, Schullehrer zu Duttenbronn.

Rössinger, Alumnus im Seminario dahier.

Roth, Alumnus im Seminario dahier.

Jungfer Rottmännuinn, Schullehrerinn zu St. Peter dahier.

Herr Rottmann, U. J. D. Stadtgerichtsassessor und Ac-
tuarius.

Rüger, Alumnus im Seminario dahier.

Rudolph, Amtsverweser in Ipbofen.

Saal, Schullehrer zu Obereuerheim.

Sauer, katholischer Pfarrer in Erlang.

Sartorius, Hoffammerrath und Professor dahier.

Sartorius, Amtskeller zu Ripberg.

Schäfer, Alumnus im Seminario dahier.

Schäfer, Cantor in Hopferstadt.

Scharold, Juris Candidatus dahier.

Scherf, Schullehrer in Rimpar.

Schirmer, Kaplan in Kissingen.

Schlör, geistlicher Rath und Pfarrer zu Pfarrweisach.

Schlör, Schullehrer im Stifte Burkard dahier.

Schmidt, Amtskeller zu Grünsfeld.

Schmidt, Kaplan im Juliusspital dahier.

Herr Schmidt, Alumnus im Seminario dahier.

Schmidt, Schulrector in Frickenhausen.

Schmidt, Schullehrer zu Oberleinach.

Schmidt, Schullehrer zu Zeutleben.

Schneidewind, Pfarrer in Stockheim.

Schön, Schulrector in Marktheydenfeld.

Schönemann, Schulrector ad B. M. V. in Erfurt.

Se. Hochwürden und Gnaden Freyherr Ritter von Schulstein, Bischof zu Leutmeritz.

Herr Schwab, Kaplan in Bischofsheim.

Schwan und Göz, Buchhändler in Mannheim.

Schwarz, Oberstwachtmeister in Bruchsal.

Schwarz, Schullehrer in Markelsheim.

Senft, Pfarrer in Kuprichhausen.

Senft, Pfarrer in Osterburkheim.

Seuffert, Hofrath dahier.

Seyfried, Schullehrer in Gaubüttelbronn.

Seyling, Kaplan in Untereßfeld.

Sieben, Pfarrer zu Roth.

Sinner, Professor dahier.

Sixtus, geheimer Rath dahier.

Sixtus, Amtskeller in Hofheim.

Freyherr von Soden, Oberstwachtmeister in Kitzingen.

Spath, Lehrer der Waisenkinder in Bruchsal.

Spahn, Kaplan in Schlehenried.

Speyer, Exercitienmeister im Schulseminario dahier.

Stork, Pfarrer in Obereuerheim.

Steinacher, Pfarrer in Neustadt.

Steinacher, Student in der vierten Schule dahier.

Steinröder, Professor zu Erfurt.

Steinruck, Pfarrer zu Hausen.

Stöckinger, Alumnus im Seminario dahier.

Straub, Schullehrer zu Rettigheim.

Straulino, Professor dahier.

Strobel, geistlicher Rath, und Schulvisitator dahier.

Stumpf, Schullehrer in Höchberg.

Teutsch, J. U. Lic. Hofmeister bey Herrn Grafen Schenk von Kastell zu Obertischingen.

Teutsch, Juris Candidatus dahier.

Herr Trapp, Schullehrer zu Hergolshausen.

Vierheilig, Kaplan zu Markseinsheim.

Vierneusel, Alumnus im Seminario dahier.

Ungenannte 4.

Vogel, Pfarrer im Stift=Haug dahier.

Vogel, Pfarrer in Bretzingen.

Walter, Priesteralumnus im Seminario dahier.

Walter, Cantor zu Retzbach.

Weber, Cooperator in Waldaschach.

Weindel, Schullehrer zu Malsch.

Werner, Alumnus im Seminario dahier.

Werner, Pfarrer in Gaibach.

Werner, Candidat im Schulseminario dahier.

Weymer, Vicar im Collegiatstifte zu Limburg an der Lahn.

Wirsching, Candidat im Schulseminario dahier.

Wolz, Amtskeller in Ebern.

Wüchner, Pfarrer in Ezelskirchen.

Ziegler, Amtsverwalter in Stöckach.

Ziegler, Schulrector zu St. Peter dahier.

Zirkel, Subregens im Seminario dahier.

Zwilcher, Kaplan in Grünsfeld.

Zwirlein, Professor in Erfurt.